AF649134

NIKLAUS WIRTH

REVIDIERTER BERICHT ÜBER DIE PROGRAMMIERSPRACHE PASCAL

ELEKTRONISCHES RECHNEN UND REGELN

Herausgegeben von

Prof. Dr. HANS FRÜHAUF · Prof. Dr. WILHELM KÄMMERER
Prof. Dr. KURT SCHRÖDER · Prof. Dr. HELMUT THIELE
Prof. Dr. HORST VÖLZ

Sonderband 23

REVIDIERTER BERICHT ÜBER
DIE PROGRAMMIERSPRACHE PASCAL

von

NIKLAUS WIRTH

AKADEMIE-VERLAG · BERLIN
1976

NIKLAUS WIRTH

REVIDIERTER BERICHT ÜBER DIE PROGRAMMIERSPRACHE PASCAL

In deutscher Sprache herausgegeben von

Dr. HANS SCHIEMANGK, Berlin

Dr. GERHARD PAULIN, Berlin

Mit 17 Abbildungen

AKADEMIE-VERLAG · BERLIN

1976

Niklaus Wirth

PASCAL Report

Erschienen in „Lecture Notes in Computer Science“, Bd. 18, 1974
Springer-Verlag Berlin — Heidelberg — New York

Deutsche Übersetzung: Dr. Gerhard Paulin

Erschienen im Akademie-Verlag, 108 Berlin, Leipziger Straße 3—4
© Akademie-Verlag Berlin 1976
Lizenznummer: 202 · 100/534/76
Gesamtherstellung: VEB Druckerei „Thomas Müntzer“, 582 Bad Langensalza
Bestellnummer: 762 259 5 (6314) · LSV 1085
Printed in GDR
DDR 10,—M

VORWORT DES AUTORS ZUR DEUTSCHEN AUSGABE

Die Programmiersprache PASCAL ist das Resultat von langjährigen Entwicklungsarbeiten, die zuerst im Rahmen der IFIP-Arbeitsgruppe 2.1 stattfanden und das Ziel hatten, einen Nachfolger für Algol 60 zu definieren. Als Vorläufer kann die Sprache Algol W betrachtet werden [1], die in den Jahren 1965—68 in Stanford implementiert wurde. Diese Arbeiten haben die Grundkonzeption von Pascal entscheidend beeinflußt [2]. Sie erbrachten die Erkenntnis, daß eine moderne Sprache unbedingt auch zum Bau komplexer Software-Systeme wie Compiler selbst verwendbar sein müsse. Die bescheidenen zur Verfügung stehenden Arbeitskräfte und Mittel zwangen jedoch stets, den Umfang der Sprache möglichst klein zu halten. Der daraus resultierende, günstige Kompromiß zwischen weiter Verwendbarkeit und verhältnismäßig geringem Aufwand zur Implementation dürfte vor allem für den späteren Erfolg der Sprache verantwortlich sein [3].

Die Sprache findet dank ihrem systematischen Aufbau heute vor allem im Programmierunterricht Verwendung. Sie gestattet die rasche Einführung in die Grundkonzepte nach modernen Methoden des strukturierten Programmierens [4, 5, 6] und erlaubt danach das direkte Vordringen zu fortgeschrittenen Konzepten der Datenstrukturierung [7]. Auf wissenschaftlichem Gebiet hat Pascal zu neuen Arbeiten auf den Gebieten der mathematischen Sprachdefinition [8] und der Multiprogrammierung [9] geführt, indem sie entsprechend erweitert wurde.

Ich möchte meiner Genugtuung Ausdruck geben, daß nun auch eine deutsche Übersetzung der 1972 leicht revidierten Definition von Pascal verfügbar wird, und möchte dafür den Übersetzern, dem Akademie-Verlag und seinen Herausgebern bestens danken.

N. Wirth

[1] N. Wirth und C. A. R. Hoare, „A Contribution to the Development of Algol", Comm. ACM 9, 6, 413—432 (Juni 1966).
[2] N. Wirth, „The programming language Pascal", Acta Informatica 1, 35—63 (1971).
[3] —, „The design of a Pascal compiler", Software — Practice and Experience 1, 309—333 (1971).
[4] —, „Systematisches Programmieren", Teubner-Verlag, Stuttgart (1973).
[5] K. Jensen and N. Wirth, „Pascal — User Manual and Report", Lecture Notes in Computer Science, Vol. 18 (1974), and Springer Study Edition (1975), both Springer-Verlag.

[6] H. SCHAUER, ,,Pascal für Anfänger", R. Oldenbourg-Verlag, München (1975).
[7] N. WIRTH, ,,Algorithmen und Datenstrukturen", Teubner-Verlag, Stuttgart (1975).
[8] C. A. R. HOARE and N. WIRTH, ,,An axiomatic definition of the programming language Pascal", Acta Informatica 2, 335–355 (1973).
[9] P. BRINCH HANSEN, ,,The Programming Language Concurrent Pascal", IEEE Trans. on Software Engineering 1, 2, 199–206 (June 1975).

VORWORT DER HERAUSGEBER

Die Geschichte der Rechentechnik ist wesentlich gekennzeichnet durch die Entwicklung von Programmierhilfsmitteln. Unter der Bezeichnung Programmierhilfsmittel wurden anfangs solche Programme zusammengefaßt, die für die Niederschrift und das Testen von Programmen gewisse Erleichterungen brachten, seien es mnemotechnische Abkürzungen für den Operationscode oder Protokollprogramme zum Verfolgen des Programmablaufs im Automaten. Am Anfang der fünfziger Jahre wurde der Gedanke geboren, Automaten so zu konzipieren, daß sie die Erzeugung von Objektprogrammen aus einer symbolischen Notation, wie sie dem den Automaten nutzenden Menschen vertraut ist, unterstützen. Dieser Impuls kam aus dem Institut für Angewandte Mathematik der ETH Zürich. H. Rutishausers Arbeit über „Automatische Rechenplanfertigung bei programmgesteuerten Rechenmaschinen" aus dem Jahre 1952 regte Arbeiten über automatische Formelübersetzung an und leitete die Entwicklung von Programmiersprachen ein. Schon wenige Jahre später begannen Arbeiten zur Schaffung internationaler Sprachstandards, wodurch die Effektivität des Programmierens wesentlich erhöht wurde, da Algorithmen auf unterschiedlichen Anlagentypen realisiert werden konnten, wenn nur entsprechende Sprachübersetzer für den Anlagentyp existierten. Jedoch ließen und lassen sich die Forderungen von Automatennutzern nicht auf einen gemeinsamen Nenner bringen. Dem Wunsche nach einer universell einsetzbaren Programmiersprache stand und steht die Forderung nach anwendungsspezifischen Sprachen gegenüber. Hinzu kommt, daß die Weiterentwicklung der technischen Möglichkeiten neue Sprachelemente und Kommunikationsmöglichkeiten forderte, wenn eine rationelle Ausnutzung der Automaten sichergestellt sein sollte. Das leitete die Zeit der Betriebssysteme ein, die eine Vielzahl von Programmierhilfen verwalten und dem Benutzer unter anderem auch Sprachübersetzer für unterschiedliche Programmiersprachen anbieten. So ist es nicht verwunderlich, wenn zur Zeit einige Hundert Programmiersprachen benutzt werden, nicht gerechnet die Sprachentwicklungen, die über die Konzeption nicht hinausgekommen sind.

Was ist unter solchen Umständen zu tun, wenn man vor der Frage steht, das Programmieren zu lehren, ohne die zukünftigen Beziehungen zu Rechenanlagen zu kennen? Es ist sinnvoll, eine Programmiersprache zu schaffen, die, auf die Erfahrungen der letzten zwei Jahrzehnte aufbauend und bei Kenntnis der technischen Möglichkeiten — sowohl der verwirklichten als auch der, deren Verwirklichung in naher Zukunft zu erwarten ist — Sprachelemente und Programmiermethoden enthält, die typisch für gegenwärtige und zukünftige Programmiersprachen sind. Derjenige, der in einer solchen Sprache ausgebildet ist, hat damit die besten Grundlagen, um mit realen Verhältnissen in der Programmiertechnik schnell fertigzuwerden. Der Nutzen wird größer sein, wenn eine solche Sprache einfach zu implementieren ist und ein großes Einsatzgebiet hat. Die Programmiersprache PASCAL, die bezüglich Lehre und Einsatzmöglichkeiten diese Forderungen erfüllt, ist wiederum an der ETH entwickelt worden. Gesagt sei noch, daß auch in PASCAL Sprachelemente existieren, die durch explizite Festlegungen beim Compilerbau präzisiert worden sind.

Bei der Entwicklung der Sprache wurde darauf geachtet, daß sie einerseits leicht erlernbar und andererseits gut lehrbar ist. Sie ist darüber hinaus auch für die Formulierung nichttrivialer Probleme einsetzbar. Besonders hervorzuheben ist ihre Eignung für Systemprogrammierung und Softwareübertragung. Es sind für Anlagen der Serie CDC 6000 von dem Institut der ETH mehrere PASCAL-Compiler entwickelt worden. Alle Compiler außer dem ersten sind in der Sprache PASCAL selbst formuliert und realisiert worden. Diese in PASCAL geschriebenen Compiler bilden die Grundlage für eine sich ständig vergrößernde Nutzergemeinschaft. Zur Zeit sind mehr als zehn PASCAL-Compiler für Rechenanlagen unterschiedlicher Typen bekannt. Diese Compiler sind durch Compilerübertragungstechnik (bootstrapping) direkt aus den an der ETH entwickelten Compilern abgeleitet worden. PASCAL genügt den Anforderungen, die an moderne Programmiersprachen gestellt werden. Daraus resultiert unser Wunsch, durch die deutschsprachige Herausgabe des Sprachberichts zur Beschäftigung mit PASCAL und zur Verbreitung beizutragen.

Wir möchten Herrn Prof. Thiele und Herrn Prof. Stuchlik für das Lesen des Manuskriptes und für ihre Hinweise danken.

Hans Schiemangk
Gerhard Paulin

VORWORT ZUM „REVIDIERTEN BERICHT“

Die Sprache PASCAL ist nun seit drei Jahren im Gebrauch. In dieser Zeit wurden beachtliche Erfahrungen für ihren Einsatz, sowohl in der Lehre von PASCAL als auch in der Implementierung gesammelt. Obgleich manches dafür spricht, daß eine Sprache nicht mehr verändert werden sollte, sobald eine Benutzergemeinschaft entstanden ist, wäre es doch unklug, die Erfahrungen zu ignorieren und nicht Nutzen aus ihnen zu ziehen. Deshalb wird in diesem Bericht eine revidierte Fassung der Sprache beschrieben, welche einige Änderungen einschließt, die sich in den letzten zwei Jahren ergeben haben. Im übrigen ist der Bericht noch in der Form der ursprünglichen Definition [1], und letztlich handelt es sich auch nur um wenige unbedeutende Änderungen. Diese Änderungen betreffen folgendes:

— Konstante Parameter werden durch Wertparameter ersetzt (im Sinne von Algol 60).
— Die Klassenstruktur wurde eliminiert; Zeigervariablen werden an Datentypen anstatt an Klassenvariablen gebunden.
— Das Arbeiten mit Files ist so verändert, daß die Puffervariable $f\uparrow$ stets einen definierten Wert hat, ausgenommen den Fall, daß die Bedingung *eof(f)* erfüllt ist.
— Es wurden gepackte Datensätze und gepackte Felder aufgenommen. Als Konsequenz davon wird der Typ alfa ein Spezialfall gepackter Zeichenfelder, womit die Notwendigkeit für eine Standarddefinition entfällt. Die Verallgemeinerung hat einige Konsequenzen bezüglich der Darstellung von Zeichenketten (früher wurden sie Alphakonstanten genannt).
— Alle Marken erfordern eine Deklaration.

Weiterhin wurden einige kleine syntaktische Änderungen vorgenommen, wie z. B. die Umbenennung der Potenzmengenstruktur in Mengenstruktur. Alle syntaktischen Veränderungen sind in diesem Bericht ausführlich vermerkt.

Arbeiten an PASCAL-Implementationen für verschiedene Rechenanlagen haben unser Augenmerk wiederum auf das Problem der Verwendbarkeit und Maschinenunabhängigkeit von Softwaresystemen gelenkt.

Viele der oben angeführten Änderungen und ebenso einige zusätzliche Beschränkungen wurde vorgenommen bzw. auferlegt im Interesse der Verwendbarkeit der Programme und maschinenunabhängiger Beschreibbarkeit. Diese Veränderungen ermöglichen es, die vollständige Sprache durch eine Menge abstrakter Axiome und Ableitungsregeln zu definieren.

Eine solche strenge Definition ist notwendig, um Eigenschaften von Programmen beweisen zu können. Diese Strenge und Maschinenunabhängigkeit ist bemerkenswerterweise ohne Zugeständnisse bezüglich der Effektivität des Abarbeitens der Programme ausgeführt worden.

Um eine allgemeine Grundlage für Implementationen auf unterschiedlichen Rechenanlagen zu schaffen, nennen wir die in diesem revidierten Bericht definierte Sprache Standard-PASCAL. Dieser Standard wird mit den Ausdrucksmitteln der Zeichenmenge des ISO-Codes definiert.

Der Abschnitt über die PASCAL-Implementation für die Rechnerserie CDC-6000 wurde nicht mehr in den Bericht aufgenommen und statt dessen in einem allgemeinen Abschnitt über Vorschläge für Implementationsstandards und Programmaustausch untergebracht. Dieser Standard zeigt Vorgehensweisen, um Programme in Termen zulässiger Zeichenmengen darzustellen, und führt eine Anzahl von Sprachbeschränkungen mit der Absicht einer Vereinfachung der Implementation auf. In Programmen, die auf unterschiedlichen Rechnertypen mit Möglichkeiten der PASCAL-Realisierung eingesetzt werden sollen, sollte dieser Standard beachtet werden.

In die Menge der Standardprozeduren wurden zusätzlich zu den zwei Prozeduren *read* und *write* die Prozeduren *readln*, *writeln*, und *eoln* aufgenommen, sie sind in einem neuen Abschnitt 12 beschrieben. Sie stellen jetzt einen verbindlichen Standard für Eingabe- und Ausgabeoperationen dar. Die drei letzten Prozeduren werden zum Steuern der Zeilenstruktur von Textfiles benötigt. Ihre Aufnahme wurde erforderlich, weil die Standardsprache nicht von der Existenz eines Zeilensteuerzeichens innerhalb der Zeichenmenge abhängen darf.

[1] WIRTH, N.: The Programming Language PASCAL. Acta Informatica 1 (1971).

[2] WIRTH, N.: Systematisches Programmieren. Stuttgart: Teubner-Verlag 1972.

[3] WIRTH, N.: Systematic Programming. Englewood Cliffs: Prentice-Hall 1973.

[4] HOARE, C. A. R., WIRTH, N.: An Axiometric Definition of the Programming Language PASCAL. Acta Informatica 2, 335—355 (1973).

[5] WIRTH, N.: The Design of a PASCAL Compiler. SOFTWARE-Practice and Experience 1 (1971).

INHALTSVERZEICHNIS

1. Einleitung

Die Entwicklung der Sprache PASCAL verfolgt zwei grundsätzliche Ziele, nämlich erstens, eine Sprache zur Verfügung zu stellen, die geeignet ist, das Programmieren systematisch zu lehren, wobei die Systematik darauf gegründet ist, gewisse fundamentale Vorstellungen klar und natürlich widerzuspiegeln. Zweitens sind Implementationen der Sprache zu entwickeln, welche bezogen auf die gegenwärtig einsetzbaren Rechenanlagen sowohl zuverlässig als auch effektiv sind.

Der Wunsch nach einer neuen Sprache zum Zwecke des Unterrichtens in Programmierung rührt her aus meiner tiefen Unzufriedenheit mit den zur Zeit verwendeten Hauptsprachen, deren Beschaffenheit und deren Konstruktion häufig nicht logisch und überzeugend erklärt werden können und welche oft den Leser enttäuschen, der an systematisches Denken gewöhnt ist. Parallel mit dieser Unzufriedenheit geht meine Überzeugung, daß die Sprache, in der der Student seine Ideen auszudrücken gelernt hat, wesentlich seine Denkgewohnheiten und seine Erfindungsgabe beeinflußt und daß die Unordnung, die in diesen Sprachen herrscht, sich direkt auf den Programmierstil der Studenten überträgt.

Es gibt natürlich mancherlei Gründe dafür, vorsichtig zu sein mit der Einführung einer weiteren Programmiersprache, und die Gründe gegen das Unterrichten des Programmierens in einer Sprache, die nicht weit verbreitet und anerkannt ist, haben zweifellos einige Berechtigung, wenigstens aus kurzzeitigen kommerziellen Erwägungen heraus. Jedoch bedeutet die Wahl einer Sprache für Unterrichtszwecke — gegründet auf deren Anerkennung und Nützlichkeit — zusammen mit der Tatsache, daß die Sprache, die am meisten unterrichtet wird, später zu einer der am meisten gebrauchten Sprachen wird, das sicherste Rezept für das Stagnieren in einem Lehrfach mit so großem pädagogischem Einfluß. Ich halte es daher für wert, den Versuch zu machen, diesen Zauberkreis zu durchbrechen.

Selbstverständlich sollte eine Sprache nicht nur um ihrer selbst willen entwikkelt werden. Existierende Sprachen sollten als Grundlage für die Entwicklung benutzt werden, wenn sie den betrachteten Kriterien genügen und einen systematischen Aufbau nicht verhindern. In diesem Sinne wurde ALGOL 60 als eine Grundlage für PASCAL benutzt, weil es den Forderungen hinsichtlich des Unterrichtens in Programmierung in einem weit höheren Grad entsprach als jede andere Standardsprache. So wurden die Prinzipien des Sprachaufbaus und die Form der Ausdrücke aus ALGOL 60 übernommen. Es ist jedoch nicht daran gedacht worden, ALGOL 60 zu einer Untermenge von PASCAL zu machen;

gewisse Konstruktionsprinzipien, speziell die der Deklarationen, sind inkompatibel zu jenen, die eine natürliche und bequeme Darstellung der zusätzlichen Eigenschaften von PASCAL ermöglichen.

Bezogen auf ALGOL 60 liegen die hauptsächlichen Erweiterungen in dem Bereich der Möglichkeiten der Datenstrukturierung, weil deren Fehlen in ALGOL 60 als der wichtigste Grund für den relativ kleinen Anwendungsbereich von ALGOL 60 angesehen wurde.

Die Einführung von Satz- und Filestrukturen soll es möglich machen, Probleme kommerzieller Art mit PASCAL zu lösen oder wenigstens PASCAL mit Erfolg einzusetzen, um solche Probleme in einer Programmierausbildung vorzuführen.

Die Syntax von PASCAL ist in grafischer Form im Anhang angegeben.

2. Überblick über die Sprache

Ein Algorithmus oder Rechnerprogramm besteht aus zwei wesentlichen Teilen, einer Beschreibung der Aktionen, die auszuführen sind, und einer Beschreibung der Daten, die in diesen Aktionen benutzt werden.

Aktionen werden durch sogenannte *Anweisungen* beschrieben, Daten durch sogenannte *Vereinbarungen* und *Definitionen*. Die Daten werden durch Werte von *Variablen* repräsentiert. Jede Variable, die in einer Anweisung auftritt, muß durch eine *Variablenvereinbarung* eingeführt sein, die einen Bezeichner- und einen Datentyp mit der Variablen verbindet. Der Datentyp definiert die Menge der Werte, die von der Variablen angenommen werden können. Ein Datentyp kann in PASCAL entweder direkt beschrieben werden oder durch Verweis eines Typbezeichners, der dann seinerseits durch eine explizite *Typdefinition* beschrieben ist.

Die elementaren Datentypen sind die *Skalartypen*. Ihre Definition legt eine geordnete Menge von Werten fest, d. h., sie führt für jeden Wert der Menge einen Bezeichner ein. Neben den definierbaren Skalartypen gibt es vier *Standardtypen*: Boolean, integer, char und real. Mit Ausnahme des Typs Boolean werden ihre Werte nicht durch Bezeichner dargestellt, sondern durch Zahlen beziehungsweise Literale. Zahlen und Literale sind von Bezeichnern syntaktisch verschieden. Die Menge der Werte des Typs char ist die Zeichenmenge, die innerhalb einer spezifischen Implementation zugelassen ist.

Ein Typ kann auch definiert werden als ein *Teilbereich* eines Skalartypes durch die Festlegung des kleinsten und des größten Werts des Unterbereichs.

Strukturierte Typen werden durch die Beschreibung des Typs ihrer Komponenten definiert und durch die Festlegung einer Strukturierungsmethode. Die verschiedenartigen Strukturierungsmethoden unterscheiden sich in dem Auswahlmechanismus, der dazu dient, die Komponente einer Variablen des strukturierten Typs zu selektieren. In PASCAL können vier Arten von Strukturen gebildet werden: Feldstrukturen, Satzstrukturen, Mengenstrukturen und Filestrukturen.

In einer *Feldstruktur* haben alle Komponenten denselben Typ. Eine Komponente wird durch einen Feldselektor, d. h. einen *berechenbaren Index* bestimmt, dessen Typ in der Feldtypdefinition festgelegt ist. Dieser Typ muß ein Skalartyp sein. Gewöhnlich ist es ein vom Programmierer definierter Skalartyp, oder es ist ein Teilbereich des Typs integer. Wird der Wert des Indextyps gegeben, dann liefert ein Feldselektor einen Wert des Komponententyps. Jede Feldvariable kann deshalb als eine Abbildung des Indextyps in den Komponententyp betrachtet werden. Die Zeit, die für eine Selektion benötigt wird, darf nicht von dem Wert des Index (Selektor) abhängen. Deshalb wird die Feldstruktur eine Struktur mit wahlfreiem Zugriff genannt.

In einer *Datensatzstruktur* sind die Komponenten (sie werden Datenfelder genannt) nicht notwendig sämtlich gleichen Typs. Damit der Typ einer ausgewählten Komponente innerhalb des Programmtextes klar sei (ohne daß das Programm ausgeführt wird), ist ein Satzselektor nicht ein berechenbarer Wert, sondern ein Bezeichner, der eindeutig die Komponente auswählt. Diese Komponentenbezeichnungen werden in der Typdefinition des Satzes erklärt. Wiederum gilt, daß die Zeit, die benötigt wird, um zu einer ausgewählten Komponente zuzugreifen, nicht von dem Selektor abhängt, so daß auch der Satz eine Struktur mit wahlfreiem Zugriff ist.

Ein Datensatztyp kann so spezifiziert sein, daß er aus verschiedenen Varianten besteht. Das impliziert, daß verschiedene Variablen, obwohl sie vom gleichen Typ sind, Strukturen voraussetzen, die sich in gewisser Weise unterscheiden. Der Unterschied kann in unterschiedlicher Anzahl und unterschiedlichem Typ der Komponenten bestehen. Die Variante, die für einen aktuellen Wert einer Datensatzvariablen vorausgesetzt wird, wird durch ein Komponentenfeld festgelegt, das für alle Varianten gemeinsam besteht und *Kennzeichnungsfeld* heißt. Im allgemeinen besteht der Teil, der für alle Varianten gemeinsam zu benutzen ist, aus mehreren, verschiedenen Komponenten, einschließlich dem Kennzeichnungsfeld.

Eine *Mengenstruktur* definiert die Menge der Werte, die die Potenzmenge ihres elementaren Typs ist, d. h., die Menge aller Untermengen der Werte des elementaren Typs. Der elementare Typ muß ein Skalartyp sein, im allgemeinen wird es ein vom Programmierer definierter Skalartyp sein oder ein Teilbereich des Typs integer.

Eine *Filestruktur* ist eine Folge von Komponenten des gleichen Typs. Eine natürliche Ordnung der Komponenten ist durch die Folge definiert. Direkter Zugriff ist nur zu einer Komponente möglich. Zugriff zu anderen Komponenten wird durch sequentielles Durchlaufen des Files erreicht. Ein File wird durch sequentielles Anfügen von Komponenten an sein Ende erzeugt. Daraus folgt, daß durch die Definition des Filetyps die Anzahl der Komponenten nicht bestimmt ist.

Variablen werden *statisch* genannt, wenn sie durch explizite Vereinbarungen erklärt sind. Die Vereinbarung verbindet einen Bezeichner mit der Variablen, dieser Bezeichner wird gebraucht, um sich auf die Variable zu beziehen. Im Gegensatz dazu können Variablen durch ausführbare Anweisungen erzeugt werden. Solch eine dynamische Erzeugung liefert einen sogenannten *Zeiger* (einen Ersatz für einen expliziten Bezeichner), der im weiteren dazu dient, sich auf die Variable zu beziehen. Dieser Zeiger kann anderen Variablen zugewiesen werden. Jede Zeigervariable kann als Werte nur Zeiger erhalten, die auf Variablen des gleichen Typs *T* verweisen; es wird gesagt, sie seien an den Typ *T gebunden*. Die Zeigervariable kann auch den Wert **nil** erhalten, dieser Wert weist auf keine Variable. Wenn Zeigervariablen als Komponenten strukturierter Variablen auftreten, die dynamisch erzeugt sind, erlaubt der Gebrauch der Zeiger die Darstellung endlicher Graphen in voller Allgemeinheit.

Die grundlegende Anweisung ist die *Ergibtanweisung*. Durch sie wird ausgedrückt, daß ein neu berechneter Wert einer Variablen (oder den Komponenten einer Variablen) zugewiesen wird. Der Wert wird durch die Auswertung eines *Ausdrucks* erhalten. Ausdrücke bestehen aus Variablen, Konstanten, Mengen, Operatoren und Funktionen, die für die genannten Größen erklärt sind und einen Wert liefern. Variablen, Konstanten und Funktionen sind entweder in dem Programm vereinbart, oder sie sind Standardgrößen. In PASCAL ist eine feste Menge von Operatoren definiert, die alle als Funktionen betrachtet werden können, die eine Abbildung des Operandentyps in den Ergebnistyp beschreiben.

Die Menge der Operatoren ist in folgende Klassen eingeteilt.:

1. *Arithmetische Operatoren* für Addition, Subtraktion, Vorzeicheninversion, Multiplikation, Division und für die Berechnung des Rests einer Division.
2. *Boolesche Operatoren* für Negation, Disjunktion (**or**) und Konjunktion (**and**).
3. *Mengenoperatoren* für Vereinigung, Durchschnitt und Mengendifferenz.
4. *Vergleichsoperatoren* für Gleichheit, Ungleichheit, Ordnungsrelationen und Mengeneinschluß. Die Ergebnisse der Vergleichsoperationen sind vom Typ Boolean. Ordnungsrelationen können nur auf Skalartypen angewendet werden.

Die *Prozeduranweisung* bewirkt die Ausführung der bezeichneten Prozedur (siehe unten). Ergibtanweisungen und Prozeduranweisungen sind die Komponenten oder Bauelemente von strukturierten Anweisungen, die sequentielle, selektive oder wiederholende Ausführung ihrer Komponenten festlegen. Die sequentielle Ausführung der Anweisungen wird durch *Verbundanweisungen* festgelegt, bedingte oder selektive Ausführung der Anweisungen durch die *Wenn-Anweisung* (*if-Anweisung*) oder die *Auswahl-Anweisung* (*case-Anweisung*), und die Wiederholung der Ausführung von Anweisungen durch die *Zyklusanweisungen* (*repeat-Anweisungen und while-Anweisung*) und die *Laufanweisung* (*for-Anweisung*). Die Wenn-Anweisung dient dazu, die Ausführung einer Anweisung von dem Wert eines logischen Ausdrucks abhängig zu machen, die

Auswahl-Anweisung erlaubt die Auswahl einer von vielen Anweisungen entsprechend dem Wert eines Selektors. Die Lauf-Anweisung wird benutzt, wenn die Anzahl der Wiederholungen vorher bekannt ist; ansonsten werden die Zyklusanweisungen benutzt.

Eine Anweisung kann durch einen Namen (Bezeichner) gekennzeichnet werden. Mit Hilfe dieses Bezeichners kann auf sie Bezug genommen werden. Die Anweisung heißt dann *Prozedur*, die Vereinbarung dieser Anweisung heißt *Prozedurvereinbarung*. Solch eine Vereinbarung kann zusätzlich Variablenvereinbarungen, Typdefinitionen und weitere Prozedurvereinbarungen enthalten. Auf die so vereinbarten Variablen, Typen und Prozeduren kann nur innerhalb der Prozedur Bezug genommen werden; aus diesem Grunde werden sie *lokal zu der Prozedur* genannt. Ihre Bezeichner haben nur in dem Programmtext Bedeutung, der die Prozedurvereinbarung darstellt und *Gültigkeitsbereich* dieser Bezeichner heißt. Wenn Prozeduren lokal zu anderen Prozeduren erklärt sind, sind die Gültigkeitsbereiche ineinander geschachtelt. Programmgrößen, die in dem Hauptprogramm vereinbart sind, d. h., die nicht lokal zu einer Prozedur sind, heißen *globale Größen*.

Eine Prozedur hat eine feste Anzahl von Parametern. Diese Parameter werden innerhalb der Prozedur durch Bezeichner ausgedrückt, die dann *formale Parameter* heißen. Wird eine Prozedur durch eine Prozeduranweisung aktiviert, dann ist jede Größe, auf die innerhalb der Prozedur über einen formalen Parameter Bezug genommen wird, durch eine aktuelle Größe zu ersetzen. Diese Größe heißt *aktueller Parameter*. Es gibt drei Arten von Parametern: Wertparameter, Variablenparameter und Prozedur- oder Funktionsparameter. Im ersten Falle ist der aktuelle Parameter ein Ausdruck, der einmal berechnet wird. Der entsprechende formale Parameter stellt eine lokale Variable dar, der das Ergebnis dieser Berechnung vor der Ausführung der Prozedur (oder Funktion) zugewiesen wird. Im Falle eines Variablenparameters ist der aktuelle Parameter eine Variable, und der formale Parameter steht für diese Variable. Möglicherweise auftretende Indizes werden vor der Ausführung der Prozedur (oder Funktion) ausgewertet. Im Falle von Prozedur- oder Funktionsparametern ist der aktuelle Parameter ein Prozedurbezeichner oder ein Funktionsbezeichner.

Funktionen werden analog zu Prozeduren erklärt. Der einzige Unterschied liegt darin, daß eine Funktion ein Ergebnis liefert, das auf einen Skalartyp beschränkt ist und in der Funktionsvereinbarung spezifiziert wird. Funktionen können deshalb als Teile von Ausdrücken benutzt werden. Um Seiteneffekte zu verhindern, sollte es vermieden werden, nichtlokalen Variablen Werte zuzuweisen.

3. Notation, Terminologie und Vokabular

Der traditionellen Backus-Naur-Form entsprechend werden syntaktische Konstruktionen durch englische Wörter bezeichnet, die in die spitzen Klammern ⟨ und ⟩ eingeschlossen sind. (Bemerkung der Herausgeber: Die englischen Wörter wurden ebenfalls übersetzt, vgl. dazu Abschn. 14.) Diese Wörter beschreiben auch die Natur oder die Bedeutung der Konstruktion, sie werden in der begleitenden Beschreibung der Semantik benutzt. Mögliche Wiederholungen einer Konstruktion werden durch Einschluß in Metaklammern {und} angegeben.[1]) Das Symbol ⟨leer⟩ bezeichnet die leere Symbolfolge.

Das Grundvokabular der Sprache besteht aus Grundsymbolen, die zu Klassen zusammengefaßt sind, nämlich Buchstaben, Ziffern und Sonderzeichen.

⟨Buchstabe⟩ ::= *A* | *B* | *C* | *D* | *E* | *F* | *G* | *H* | *I* | *J* | *K* | *L* | *M* | *N* | *O* |
P | *Q* | *R* | *S* | *T* | *U* | *V* | *W* | *X* | *Y* | *Z* | *a* | *b* | *c* | *d* | *e* |
f | *g* | *h* | *i* | *j* | *k* | *l* | *m* | *n* | *o* | *p* | *q* | *r* | *s* | *t* | *u* | *v* | *w* |
x | *y* | *z*
⟨Ziffer⟩ ::= 0 | 1 | 2 | 3 | 4 | 5 | 6 | 7 | 8 | 9
⟨Sonderzeichen⟩ ::= + | − | * | / |
= | ≠ | < | > | ≦ | ≧ |
(|) | [|] | { | } |
:= | . | , | ; | : | ' | ↑ |
div | **mod** | **nil** | **in** | **or** | **and** | **not** | **if** | **then** | **else** | **case** |
of | **repeat** | **until** | **while** | **do** |
for | **to** | **downto** | **begin** | **end** | **with** |
goto | **const** | **var** | **type** | **array** |
record | **set** | **file** | **function** | **procedure** |
label | **packed** | **program**

Die Konstruktion

{⟨jede Folge von Zeichen, die nicht "}" enthält⟩}

kann zwischen zwei Bezeichner, Zahlen (vgl. Abschn. 4) oder Sonderzeichen eingefügt werden. Eine solche Konstruktion heißt *Bemerkung*, sie kann aus dem Programm entfernt werden, ohne daß sich die Bedeutung des Programms ändert. Die Symbole { und } treten an keiner anderen Stelle in der Sprache auf, wenn sie in Syntaxbeschreibungen auftreten, sind es Metasymbole wie | und ::=.

4. Bezeichner, Zahlen und Zeichenketten

Bezeichner dienen zum Beschreiben von Konstanten, Typen, Variablen, Prozeduren und Funktionen. Ihre Zuordnung muß in ihrem Gültigkeitsbereich eindeutig sein, d. h. innerhalb der Prozedur oder Funktion, in denen die Bezeichner vereinbart sind (vgl. Abschnitte 10 und 11).

⟨Bezeichner⟩ ::= ⟨Buchstabe⟩ {⟨Buchstabe oder Ziffer⟩}
⟨Buchstabe oder Ziffer⟩ ::= ⟨Buchstabe⟩ | ⟨Ziffer⟩

[1]) Anm. d. Hrsg. Die Metaklammern bedeuten 0- oder mehrfache Wiederholung.

Für Zahlen wird die übliche Dezimaldarstellung benutzt. Zahlen sind die Konstanten der Datentypen *integer* und *real* (vgl. Abschn. 6.1.2). Der den Skalenfaktor einleitende Buchstabe *E* ist als „mal 10 hoch“ zu sprechen.

⟨Ziffernfolge⟩ ::= ⟨Ziffer⟩ {⟨Ziffer⟩}
⟨natürliche Zahl⟩ ::= ⟨Ziffernfolge⟩
⟨vorzeichenlose Gleitkommazahl⟩ ::= ⟨natürliche Zahl⟩.⟨Ziffernfolge⟩ |
    ⟨natürliche Zahl⟩ . ⟨Ziffernfolge⟩ *E* ⟨Skalenfaktor⟩ |
    ⟨natürliche Zahl⟩ *E* ⟨Skalenfaktor⟩
⟨vorzeichenlose Zahl⟩ ::= ⟨natürliche Zahl⟩ |
    ⟨vorzeichenlose Gleitkommazahl⟩
⟨Skalenfaktor⟩ ::= ⟨Ziffernfolge⟩ | ⟨Vorzeichen⟩ ⟨Ziffernfolge⟩
⟨Vorzeichen⟩ ::= + | –

Beispiele:

1 100   0.1   *E*–3   87.35*E*+8

Folgen von Zeichen, die in Apostrophe eingeschlossen sind, heißen *Zeichenketten.* Zeichenketten, die aus einem einfachen Zeichen bestehen, sind die Konstanten des Standardtyps char (vgl. Abschn. 6.1.2.). Zeichenketten, die aus $n > 1$ in Apostrophe eingeschlossenen Zeichen bestehen, sind Konstanten des Typs (vgl. Abschn. 6.2.1.)

packed array [1 .. *n*] **of** char

Bemerkung: Wenn in einer Zeichenkette ein Apostroph enthalten sein soll, so ist der Apostroph zweimal zu schreiben.

⟨Zeichenkette⟩ ::= '⟨Zeichen⟩ {⟨Zeichen⟩}'

Beispiele:

'*A*' ';' ''''

'PASCAL'   'DIES IST EINE ZEICHENKETTE'

5. Konstantendefinitionen

Durch eine Konstantendefinition wird ein Bezeichner als Synonym für eine Konstante eingeführt.

⟨Konstantenbezeichner⟩ ::= ⟨Bezeichner⟩
⟨Konstante⟩ ::= ⟨vorzeichenlose Zahl⟩ |
    ⟨Vorzeichen⟩ ⟨vorzeichenlose Zahl⟩ |
    ⟨Konstantenbezeichner⟩ |
    ⟨Vorzeichen⟩ ⟨Konstantenbezeichner⟩ |
    ⟨Zeichenkette⟩

⟨Konstantendefinition⟩ ::= ⟨Bezeichner⟩ = ⟨Konstante⟩

6. Datentypdefinitionen

Eine Datentypdefinition legt die Menge der Werte fest, die Variablen des entsprechenden Typs annehmen können und ordnet dem Typ einen Bezeichner zu.
⟨Typ⟩::= ⟨einfacher Typ⟩ | ⟨strukturierter Typ⟩ | ⟨Zeigertyp⟩
⟨Typendefinition⟩::= ⟨Bezeichner⟩ = ⟨Typ⟩

6.1. Einfache Typen

⟨einfacher Typ⟩ ::= ⟨Skalartyp⟩ | ⟨Teilbereichtyp⟩ | ⟨Typbezeichner⟩
⟨Typbezeichner⟩ ::= ⟨Bezeichner⟩

6.1.1. Skalartypen

Ein Skalartyp definiert eine geordnete Menge von Werten durch Aufzählung der Bezeichner, den diese Werte ausdrücken.

⟨Skalartyp⟩ ::= (⟨Bezeichner⟩ { , ⟨Bezeichner⟩ })

Beispiele:

(*rot, orange, gelb, gruen, blau*)
(*Kreuz, Karo, Herz, Pik*)
(*Montag, Dienstag, Mittwoch, Donnerstag, Freitag, Sonnabend, Sonntag*)

Funktionen, die auf Argumente aller Skalartypen außer real angewandt werden können, sind:

succ der Nachfolgerwert (bei der Aufzählung),
pred der vorhergehende Wert (bei der Aufzählung).

6.1.2. Standard-Skalartypen

Die folgenden Typen werden in PASCAL als standardisiert aufgefaßt:

integer Die Werte dieses Typs sind bei einer speziellen Implementation eine Untermenge der ganzen Zahlen. Die in dieser Untermenge enthaltenen Werte werden durch ganze Zahlen (entsprechend Abschn. 4) ausgedrückt.

real Die Werte dieses Typs sind eine von der Implementation abhängende Untermenge der reellen Zahlen. Die in dieser Untermenge enthaltenen Werte werden durch Gleitkommazahlen ausgedrückt (vgl. Abschn. 4).

Boolean Die Werte dieses Typs sind die durch die Bezeichner *true* und *false* ausgedrückten Wahrheitswerte.

char Die Werte dieses Typs sind Werte einer Zeichenmenge, die durch jede Implementation speziell festgelegt ist. Diese Werte werden durch die in Apostrophe eingeschlossenen Zeichen selbst ausgedrückt.

6.1.3. Teilbereiche

Ein Typ kann als ein Teilbereich eines Skalartyps definiert werden, und zwar durch Angabe des kleinsten und des größten Werts des Teilbereichs. Die erste Konstante legt die untere Grenze fest, ihr Wert darf nicht größer sein als der der oberen Grenze.

⟨Teilbereichtyp⟩ ::= ⟨Konstante⟩ .. ⟨Konstante⟩

Beispiele:

1 .. 100
−10 .. +10
Montag .. Freitag

6.2. Strukturierte Typen

Ein strukturierter Typ wird durch den Typ (bzw. die Typen) seiner Komponenten und durch die Strukturierungsmethode charakterisiert. Genauer gesagt enthält die Definition eines strukturierten Typs eine Angabe der vorgesehenen Datendarstellung. Wenn einer Definition das Symbol **packed** vorangestellt ist, so hat das keinerlei Wirkung auf die Bedeutung des Programms; es ist ein Hinweis für den Compiler, daß der Speicherplatz ökonomisch vergeben werden soll, selbst wenn dadurch der Zugriff verlangsamt und sogar wenn dadurch der Code erweitert werden sollte, der benötigt wird, um den Zugriff zu Komponenten der Struktur auszudrücken.

⟨strukturierter Typ⟩ ::= ⟨ungepackter strukturierter Typ⟩ |
packed ⟨ungepackter strukturierter Typ⟩
⟨ungepackter strukturierter Typ⟩ ::= ⟨Feldtyp⟩ | ⟨Datensatztyp⟩ |
⟨Mengentyp⟩ | ⟨Filetyp⟩

6.2.1. Feldtypen

Ein Feldtyp ist eine aus einer festen Anzahl von Komponenten bestehende Struktur. Diese Komponenten sind alle vom gleichen Typ, dieser Typ heißt *Komponententyp*. Die Komponenten des Feldes werden durch Indizes angegeben, deren Werte zu dem sog. *Indextyp* gehören. Die Definition des Feldtyps legt sowohl den Komponententyp als auch den Indextyp fest.

⟨Feldtyp⟩ ::= **array** [⟨Indextyp⟩ { , ⟨Indextyp⟩ }] **of**
⟨Komponententyp⟩
⟨Indextyp⟩ ::= ⟨einfacher Typ⟩
⟨Komponententyp⟩ ::= ⟨Typ⟩

Der Feldtyp heißt *n-dimensional*, wenn n Indextypen spezifiziert sind. Eine Komponente wird dann durch n Indizes angegeben.

Beispiele:

array [1 ‥ 100] **of** *real*
array [1 ‥ 10, 1 ‥ 20] **of** 0 ‥ 99
array [*Boolean*] **of** *Farbe*

6.2.2. Datensatztypen

Ein Datensatztyp ist eine Struktur, die aus einer festen Anzahl von Komponenten besteht, die möglicherweise von unterschiedlichem Typ sind. Die Datensatztypdefinition legt für jede Komponente (das sogenannte *Datenfeld*) den Typ und einen Bezeichner fest, durch den dieses Datenfeld angebbar ist. Der Gültigkeitsbereich dieser *Datenfeldbezeichner* ist die Datensatzdefinition selbst; der Zugriff erfolgt durch einen Datenfeldaufruf (vgl. Abschn. 7.2.), der sich auf eine Datensatzvariable dieses Typs bezieht.

Ein Datensatztyp kann mehrere *Varianten* haben, in diesem Falle kann ein gewisses Datenfeld als *Kennzeichnungsfeld* dienen, durch dessen Werte festgelegt wird, welche Variante für die Datensatzvariable zu einer gegebenen Zeit zu verwenden ist. Jede Variantenstruktur wird durch eine *Auswahlmarke* bezeichnet, diese Auswahlmarke ist eine Konstante des Typs des Kennzeichnungsfeldes.

⟨Datensatztyp⟩ ::= **record** ⟨Datenfeldliste⟩ **end**
⟨Datenfeldliste⟩ ::= ⟨fester Teil⟩ | ⟨fester Teil⟩ ; ⟨Variantenteil⟩ |
⟨Variantenteil⟩
⟨fester Teil⟩ ::= ⟨Datensatzabschnitt⟩ { ; ⟨Datensatzabschnitt⟩ }
⟨Datensatzabschnitt⟩ ::=
⟨Datenfeldbezeichner⟩ { , ⟨Datenfeldbezeichner⟩ } : ⟨Typ⟩ | ⟨leer⟩
⟨Variantenteil⟩ ::= **case** ⟨Kennzeichnungsfeld⟩ ⟨Typbezeichner⟩ **of**
⟨Variante⟩ { ; ⟨Variante⟩ }
⟨Variante⟩ ::= ⟨Auswahlmarkenliste⟩ : (⟨Datenfeldliste⟩) | ⟨leer⟩
⟨Auswahlmarkenliste⟩ ::= ⟨Auswahlmarke⟩ { , ⟨Auswahlmarke⟩ }
⟨Auswahlmarke⟩ ::= ⟨Konstante⟩
⟨Kennzeichnungsfeld⟩ ::= ⟨Bezeichner⟩ :| ⟨leer⟩

Beispiele:

record *tag* : 1 ‥ 31;
monat : 1 ‥ 12;
jahr : *integer*
end
record *name, vorname* : *alfa*;
alter : 0 ‥ 99;
verheiratet : *Boolean*
end

```
record x, y : real;
        Flaeche : real;
        case s : Form of
          dreieck:  (seite : real;
                     neigung, winkel 1, winkel 2 : Winkel);
          rechteck: (seite 1, seite 2 : real;
                     schiefe, winkel 3 : Winkel);
          kreis:    (durchmesser : real)
end
```

6.2.3. Mengentypen

Ein Mengentyp definiert den Bereich der Werte, der die Potenzmenge ihres sogenannten *Basistyps* ist. Operatoren, die auf alle Mengentypen angewandt werden können, sind:

+ Vereinigungsbildung
— Mengendifferenz
* Durchschnittsbildung
in Element einer Menge

Die Mengendifferenz $x - y$ ist definiert als die Menge aller Elemente von x, die nicht Elemente von y sind.

⟨Mengentyp⟩ ::= **set of** ⟨Basistyp⟩
⟨Basistyp⟩ ::= ⟨einfacher Typ⟩

6.2.4. Filetypen

Die Definition eines Filetyps legt eine Struktur fest, die aus einer Folge von Komponenten des gleichen Typs besteht. Die Anzahl der Komponenten, *Länge* des Files genannt, wird durch die Definition des Filetyps nicht festgelegt. Ein File mit 0 Komponenten heißt *leer.*

⟨Filetyp⟩ ::= **file of** ⟨Typ⟩

Files mit Komponenten des Typs char heißen *Textfiles.* Sie stellen insofern einen Spezialfall dar, als der Komponententyp der Werte als durch ein Endekennzeichen erweitert betrachtet werden muß, das das Ende einer Zeile beschreibt. Dieses Kennzeichen gestattet es, Textfiles in Zeilen zu zerlegen. Der Typ text ist ein Standardtyp, der durch

type *text* = **packed file of** *char*

definiert gilt.

6.3. Zeigertypen

Zu Variablen, die in einem Programm vereinbart sind (vgl. Abschn. 7), kann über ihren Bezeichner zugegriffen werden. Diese Variablen existieren während der gesamten Ausführung der Prozedur (Gültigkeitsbereich), in der die Variable lokal ist. Deshalb werden diese Variablen *statisch* (oder statisch gespeichert) genannt. Im Gegensatz dazu können Variablen auch dynamisch erzeugt werden, d. h. ohne jede Beziehung zu den Strukturen des Programms. Diese dynamischen Variablen werden durch die Standardprozedur *new* generiert (vgl. Abschn. 10.1.2.); da sie nicht in einer expliziten Variablendeklaration erscheinen, kann auf sie nicht über einen Namen Bezug genommen werden. Statt dessen ist der Zugriff mit Hilfe des Werts eines sogenannten *Zeigers* möglich, der während der Erzeugung der dynamischen Variablen bereitgestellt wird. Deshalb besteht ein Zeigertyp aus einer unbegrenzten Menge von Werten, die auf Elemente des gleichen Typs weisen. Operationen sind mit Ausnahme des Tests auf Gleichheit für Zeigervariablen nicht definiert.

Der Zeigerwert **nil** gehört jedem Zeigertyp an; dieser Wert verweist auf kein Element.

⟨Zeigertyp⟩ ::= ↑⟨Typbezeichner⟩

Beispiele für Typdefinitionen:

```
Farbe      = (rot, gelb, gruen, blau)
Geschlecht = (maennlich, weiblich)
Text       = file of char
Form       = (dreieck, rechteck, kreis)
Karte      = array [1 .. 80] of char
Alfa       = packed array [1 .. alfaleng] of char
complex    = record re, im : real end
Person     = record name, vorname : alfa;
                    alter : integer;
                    verheiratet : Boolean;
                    vater, kind, geschwister : ↑ Person;
                    case s: Geschlecht of
                    maennlich: (diensttauglich, kahlkoepfig : Boolean);
                    weiblich: (schwanger : Boolean;
                               umfang: array [1 .. 3] of integer)
                    end
```

7. Vereinbarungen und Bezeichnungen von Variablen

Variablenvereinbarungen bestehen aus einer Liste von Bezeichnern, die die neuen Variablen bezeichnen, gefolgt von ihrem Typ.

⟨Variablenvereinbarung⟩ ::= ⟨Bezeichner⟩ { , ⟨Bezeichner⟩ } : ⟨Typ⟩

Jede Vereinbarung einer Filevariablen f mit Komponenten des Typs T impliziert die zusätzliche Vereinbarung einer sogenannten Puffervariablen vom Typ T. Diese Puffervariable wird durch $f\uparrow$ bezeichnet, sie dient dazu, Komponenten an das File während seiner Erzeugung anzufügen und zu dem File während einer Durchmusterung zuzugreifen (vgl. Abschnitte 7.2.3 und 10.1.1.).

Beispiele:

x, y, z : *real*
u, v : *complex*
i, j : *integer*
k : 0 ‥ 9
p, q : *Boolean*
operator : (*plus, minus, mal*)
a : **array** [0 ⋯ 63] **of** *real*
b : **array** [*Farbe, Boolean*] **of** *complex*
c : *Farbe*
f : **file of** *char*
Farbton 1, *Farbton* 2 : **set of** *Farbe*
*p*1, *p*2 : ↑ *Person*

Bezeichnungen von Variablen zeigen entweder eine vollständige Variable an, oder eine Komponente einer Variablen oder eine Variable, auf die durch einen Zeiger verwiesen wird (vgl. Abschn. 6.3.). In den folgenden Kapiteln wird vorausgesetzt, daß die Variablen in den Beispielen so vereinbart sind, wie es oben festgelegt wurde.

⟨Variable⟩ ::= ⟨vollständige Variable⟩ |
⟨Komponentenvariable⟩ |
⟨dynamische Variable⟩

7.1. Vollständige Variablen

Eine vollständige Variable wird durch ihren Bezeichner angegeben.

⟨vollständige Variable⟩ ::= ⟨Variablenbezeichner⟩
⟨Variablenbezeichner⟩ ::= ⟨Bezeichner⟩

7.2. Komponentenvariablen

Eine Komponente einer Variablen wird bezeichnet durch die Angabe der Variablen, gefolgt von einem Selektor, der die Komponente spezifiziert. Die Form des Selektors hängt von der Strukturierungsmethode im Typ der Variablen ab.

⟨Komponentenvariable⟩ ::= ⟨indizierte Variable⟩ |
⟨Datenfeldaufruf⟩ |
⟨Filepuffer⟩

7.2.1. Indizierte Variable

Eine Komponente einer *n*-dimensionalen Feldvariablen wird durch Angabe der Variablen bezeichnet, der *n* Indexausdrücke folgen.

⟨indizierte Variable⟩ ::= ⟨Feldvariable⟩ [⟨Ausdruck⟩ { , ⟨Ausdruck⟩ }]
⟨Feldvariable⟩ ::= ⟨Variable⟩

Die Typen der Indexausdrücke müssen mit den Indextypen verträglich sein, die in der Definition des Feldtyps vereinbart wurden.

Beispiele:

a[12]
a[*i* + *j*]
b[*ro,t true*]

7.2.2. Datenfeldaufrufe

Eine Komponente einer Datensatzvariablen wird bezeichnet durch die Angabe der Datensatzvariablen, gefolgt von dem Datenfeldbezeichner der Komponente.

⟨Datenfeldaufruf⟩ ::= ⟨Datensatzvariable⟩ . ⟨Datenfeldbezeichner⟩
⟨Datensatzvariable⟩ ::= ⟨Variable⟩
⟨Datenfeldbezeichner⟩ ::= ⟨Bezeichner⟩

Beispiele:

u . re
b[*rot, true*] *.im*
*p*2↑ *.umfang*

7.2.3. Filepuffer

Zu jedem Zeitpunkt ist direkter Zugriff lediglich zu der einen Komponente möglich, die durch die gegenwärtige Fileposition (Lese/Schreibkopf) festliegt. Diese Komponente heißt aktuelle Filekomponente, sie wird durch die *Puffervariable* des Files dargestellt.

⟨Filepuffer⟩ ::= ⟨Filevariable⟩ ↑
⟨Filevariable⟩ ::= ⟨Variable⟩

7.3. Dynamische Variablen

⟨dynamische Variable⟩ ::= ⟨Zeigervariable⟩ ↑
⟨Zeigervariable⟩ ::= ⟨Variable⟩

Ist *p* eine an den Typ *T* gebundene Zeigervariable, so bezeichnet *p* diese Variable und den Wert ihres Zeigers, wohingegen *p*↑ die Variable des Typs *T* bezeichnet, auf die durch *p* verwiesen wird.

Beispiele:

*p*1↑ *.vater*
*p*1↑ *.geschwister*↑ *.kind*

8. Ausdrücke

Ausdrücke sind Konstruktionen, die Regeln für das Rechnen mit den vorliegenden Werten von Variablen und die Erzeugung neuer Werte durch Anwendung von Operatoren ausdrücken. Ausdrücke bestehen aus Operanden, d. h. Variablen und Konstanten, sowie aus Operatoren und Funktionen.

Die Regeln für das Zusammenfügen legen den *Vorrang* der Operatoren fest, und zwar entsprechend vier Klassen von Operatoren. Der Operator **not** hat die höchste Priorität, ihm folgen die sogenannten Multiplikationsoperatoren, danach die sogenannten Additionsoperatoren und letztlich mit niedrigster Prioritätsstufe die Vergleichsoperatoren. Folgen von Operatoren gleicher Priorität werden von links nach rechts abgearbeitet.

Die Vorrangregeln spiegeln sich in folgender Syntax wider:

⟨vorzeichenlose Konstante⟩ ::= ⟨vorzeichenlose Zahl⟩ | ⟨Zeichenkette⟩ |
⟨Konstantenbezeichner⟩ | **nil**
⟨Faktor⟩ ::= ⟨Variable⟩ | ⟨vorzeichenlose Konstante⟩ |
⟨Funktionsaufruf⟩ | ⟨Menge⟩ | (⟨Ausdruck⟩) | **not** ⟨Faktor⟩
⟨Menge⟩ ::= [⟨Elementliste⟩]
⟨Elementenliste⟩ ::= ⟨Element⟩ { , ⟨Element⟩ } | ⟨leer⟩
⟨Element⟩ ::= ⟨Ausdruck⟩ | ⟨Ausdruck⟩ ·· ⟨Ausdruck⟩
⟨Term⟩ ::= ⟨Faktor⟩ | ⟨Term⟩ ⟨Multiplikationsoperator⟩ ⟨Faktor⟩
⟨einfacher Ausdruck⟩ ::= ⟨Term⟩ | ⟨Additionsoperator⟩ ⟨Term⟩ |
⟨einfacher Ausdruck⟩ ⟨Additionsoperator⟩ ⟨Term⟩
⟨Ausdruck⟩ ::= ⟨einfacher Ausdruck⟩ |
⟨einfacher Ausdruck⟩ ⟨Vergleichsoperator⟩ ⟨einfacher Ausdruck⟩

Ausdrücke, die Elemente der gleichen Menge sind, müssen alle vom gleichen Typ sein. Dieser Typ ist der Basistyp der Menge. [ ] kennzeichnet die leere Menge und $[x \cdot\cdot y]$ bezeichnet die Menge aller Werte aus dem Intervall $x \cdots y$.

Beispiele:

Faktoren:

x
15
$(x + y + z)$
$sin\ (x + y)$
$[rot, c, gruen]$
[1, 5, 10 ·· 19, 23]
not p

Terme:

$x * y$
$i\ /\ (1 - i)$
p **or** q
$(x \leq y)$ **and** $(y > z)$

einfache Ausdrücke: $x + y$
$-x$
Farbton 1 + *Farbton* 2
$i * j + 1$

Ausdrücke: $x = 1.5$
$p \leqq q$
$(i < j) = (j < k)$
c **in** *Farbton* 1

8.1. Operatoren

Wenn in den zweistelligen arithmetischen Operationen +, — und * beide Operanden vom Typ *integer* oder einem Teilbereich davon sind, so ist das Resultat vom Typ *integer*. Ist einer der Operanden vom Typ *real*, so ist das Ergebnis ebenfalls vom Typ *real*.

8.1.1. Der Operator **not**

Der Operator **not** kann auf Operanden vom Typ *Boolean* angewendet werden; er drückt die Negation aus.

8.1.2. Multiplikationsoperatoren

⟨Multiplikationsoperator⟩ ::= * | / | **div** | **mod** | **and**

Operator	Operation	Typ der Operanden	Typ des Ergebnisses
*	Multiplikation bzw. Durchschnittsmenge	real, integer jeder Mengentyp T	real, integer T
/	Division	real, integer	real
div	Division ohne Rest	integer	integer
mod	Rest (Modulus)	integer	integer
and	logisches Und	Boolean	Boolean

8.1.3. Additionsoperatoren

⟨Additionsoperator⟩ ::= + | — | **or**

Operator	Operation	Typ der Operanden	Typ des Ergebnisses
+	Addition bzw. Vereinigungsmenge	integer, real jeder Mengentyp T	integer, real T
—	Subtraktion bzw. Mengendifferenz	integer, real jeder Mengentyp T	integer, real T
or	logisches Oder	Boolean	Boolean

Wenn die Operatoren — oder + nur mit einem Operand benutzt werden, drückt — Vorzeicheninversion und + Identitätsoperation aus.

8.1.4. Vergleichsoperator

⟨Vergleichsoperator⟩ ::= = | ≠ | < | ≦ | ≧ | > | **in**

Operator	Typ der Operanden	Typ des Ergebnisses
= ≠	Skalartyp, Teilbereichtyp, Zeigertyp	Boolean
≠ ≦ ≧	jeder Skalartyp oder Teilbereichtyp	Boolean
in	jeder Skalartyp oder Teilbereichtyp und der entsprechende Mengentyp	Boolean

Man beachte, daß durch alle Skalartypen geordnete Mengen von Werten definiert werden.

Die Operatoren ≦ und ≧ können auch zum Vergleich von Werten des Mengentyps benutzt werden, dann drücken sie die Mengeneinschlußbeziehung ⊆ bzw. ⊇ aus.

Die Operatoren =, ≠, ≦, ≧, <, > sind auch auf gepackte Felder anwendbar, deren Komponenten vom Typ *char* sind. Sie beziehen sich dann auf die alphabetische Ordnung entsprechend der zugrundeliegenden Zeichenmenge.

8.2. Funktionsaufrufe

Durch einen Funktionsaufruf wird das Aktivieren einer Funktion festgelegt. Der Funktionsaufruf besteht aus dem Bezeichner der Funktion und einer Liste aktueller Parameter. Die Parameter sind Variablen, Ausdrücke, Prozeduren und Funktionen, sie werden für die korrespondierenden formalen Parameter substituiert (vgl. Abschnitte 9.1.2., 10. und 11.).

⟨Funktionsaufruf⟩ ::= ⟨Funktionsbezeichner⟩ |
⟨Funktionsbezeichner⟩ (⟨aktueller Parameter⟩
{ , ⟨aktueller Parameter⟩ })
⟨Funktionsbezeichner⟩ ::= ⟨Bezeichner⟩

Beispiele:

Sum (9, 100)
ggT (147, *k*)
sin ($x + y$)
eof (*f*)
ord (*f*↑)

9. Anweisungen

Anweisungen beschreiben algorithmische Aktionen; sie sind *ausführbar*. Sie können durch eine Marke gekennzeichnet sein, auf die in Sprunganweisungen Bezug genommen wird.

⟨Anweisung⟩ ::= ⟨nichtmarkierte Anweisung⟩ |
⟨Marke⟩ : ⟨nichtmarkierte Anweisung⟩

⟨nichtmarkierte Anweisung⟩ ::= ⟨einfache Anweisung⟩ |
⟨strukturierte Anweisung⟩
⟨Marke⟩ ::= ⟨natürliche Zahl⟩

9.1. Einfache Anweisungen

Eine einfache Anweisung ist eine Anweisung, in der kein Teil eine andere Anweisung bildet. Die Leeranweisung enthält keine Symbole und hat keinerlei Wirkung.

⟨Einfache Anweisung⟩ ::= ⟨Ergibtanweisung⟩ | ⟨Prozeduranweisung⟩ |
⟨Sprunganweisung⟩ | ⟨Leeranweisung⟩
⟨Leeranweisung⟩ ::= ⟨leer⟩

9.1.1. Ergibtanweisungen

Durch die Ergibtanweisung wird der vorliegende Wert einer Variablen durch einen neuen Wert ersetzt, der durch einen Ausdruck festgelegt ist.

⟨Ergibtanweisung⟩ ::= ⟨Variable⟩ := ⟨Ausdruck⟩ |
⟨Funktionsbezeichner⟩ := ⟨Ausdruck⟩

Die Variable (oder die Funktion) und der Ausdruck müssen vom gleichen Typ sein, wobei folgende Ausnahmen zugelassen sind:

1. Der Typ der Variablen ist *real* und der Typ des Ausdrucks ist *integer* oder ein Teilbereich davon.
2. Der Typ des Ausdrucks ist ein Teilbereich des Typs der Variablen oder umgekehrt.

Beispiele:

$x :\ = y + z$
$p := (1 \leq i)$ **and** $(i < 100)$
$i := sqr\,(k) - (i * j)$
Farbton := [*blau*, *succ* (*c*)]

9.1.2. Prozeduranweisungen

Eine Prozeduranweisung veranlaßt die Abarbeitung der Prozedur, die durch den Prozedurbezeichner gekennzeichnet ist. Die Prozeduranweisung kann eine Liste von *aktuellen Parametern* enthalten, die für die korrespondierenden *formalen Parameter* substituiert werden, die in der Prozedurvereinbarung definiert wurden (vgl. Abschn. 10.). Die Korrespondenz ist durch die Stellung der Parameter in den Listen der aktuellen bzw. formalen Parameter gegeben. Es gibt vier Arten von Parametern, sogenannte Wertparameter, Variablenparameter, Prozedurparameter (der aktuelle Parameter ist ein Prozedurbezeichner) und Funktionsparameter (der aktuelle Parameter ist ein Funktionsbezeichner).

Im Falle eines *Wertparameters* muß der aktuelle Parameter ein Ausdruck sein (ein einfacher Fall ist dabei eine Variable). Der korrespondierende formale

Parameter stellt eine lokale Variable der aufgerufenen Prozedur dar, der vorliegende Wert des Ausdrucks wird dieser Variablen als Anfangswert zugewiesen. Im Falle eines *Variablenparameters* muß der aktuelle Parameter eine Variable sein, der korrespondierende formale Parameter stellt diese aktuelle Variable während der gesamten Ausführung der Prozedur dar. Ist diese Variable die Komponente eines Feldes, dann wird der Index nur einmal berechnet, nämlich wenn die Prozedur aufgerufen wird. Ein Variablenparameter muß benutzt werden, wenn der Parameter ein Ergebnis der Prozedur darstellt.

⟨Prozeduranweisung⟩ ::= ⟨Prozedurbezeichner⟩ |
  ⟨Prozedurbezeichner⟩ (⟨aktueller Parameter⟩
  { , ⟨aktueller Parameter⟩ })
⟨Prozedurbezeichner⟩ ::= ⟨Bezeichner⟩
⟨aktueller Parameter⟩ ::= ⟨Ausdruck⟩ | ⟨Variable⟩ |
  ⟨Prozedurbezeichner⟩ | ⟨Funktionsbezeichner⟩

Beispiele:

next
Transponiere (a, n, m)
Bisect $(fkt, -1.0, +1.0, x)$

9.1.3. Sprunganweisungen

Durch eine Sprunganweisung wird angezeigt, daß die Fortsetzung der Programmabarbeitung an einer anderen Stelle des Programmtexts erfolgen soll, nämlich dort, wo die Marke auftritt.

⟨Sprunganweisung⟩ ::= **goto** ⟨Marke⟩

Folgende Einschränkungen gelten für die Anwendbarkeit von Marken:

1. Der Gültigkeitsbereich einer Marke ist die Prozedur, innerhalb der die Marke definiert ist. Deshalb ist es nicht möglich, in das Innere einer Prozedur zu springen.
2. Jede Marke muß durch eine Markenvereinbarung in dem Kopf der Prozedur festgelegt sein, in dem die Marke eine Anweisung kennzeichnet.

9.2. Strukturierte Anweisungen

Strukturierte Anweisungen sind aus anderen Anweisungen zusammengesetzte Konstruktionen, die entweder nacheinander auszuführen sind (Verbundanweisungen), bedingt sind (bedingte Anweisungen) oder zu wiederholen sind (Zyklusanweisung).

⟨Strukturierte Anweisung⟩ ::= ⟨Verbundanweisung⟩ |
  ⟨bedingte Anweisung⟩ | ⟨Zyklusanweisung⟩ |
  ⟨Mit-Anweisung⟩

9.2.1. Verbundanweisungen

Durch die Verbundanweisung wird festgelegt, daß ihre Komponentenanweisungen in derselben Reihenfolge ausgeführt werden, in der sie niedergeschrieben wurden. Die Symbole **begin** und **end** fungieren als Anweisungsklammern.

⟨Verbundanweisung⟩ ::= **begin** ⟨Anweisung⟩ { ; ⟨Anweisung⟩ } **end**

Beispiel:

begin $z := x$; $x := y$; $y := z$ **end**

9.2.2. Bedingte Anweisungen

Eine bedingte Anweisung wählt zur Ausführung eine einzelne ihrer Komponentenanweisungen aus.

⟨bedingte Anweisung⟩ ::= ⟨Wenn-Anweisung⟩ | ⟨Auswahl-Anweisung⟩

9.2.2.1. Wenn-Anweisungen

Durch die Wenn-Anweisung wird festgelegt, daß eine Anweisung nur dann ausgeführt wird, wenn eine gewisse Bedingung (BOOLEscher Ausdruck) den Wert true hat.

Hat dieser BOOLEsche Ausdruck den Wert *false*, dann wird entweder keine Anweisung ausgeführt oder die Anweisung wird ausgeführt, die auf das Symbol **else** folgt.

⟨Wenn-Anweisung⟩ ::= **if** ⟨Ausdruck⟩ **then** ⟨Anweisung⟩ |
if ⟨Ausdruck⟩ **then** ⟨Anweisung⟩ **else** ⟨Anweisung⟩

Der Ausdruck zwischen den Symbolen **if** und **then** muß vom Typ *Boolean* sein.

Bemerkung:

Die syntaktische Zweideutigkeit, die sich aus der Konstruktion

if ⟨Ausdruck-1⟩ **then if** ⟨Ausdruck-2⟩ **then** ⟨Anweisung-1⟩
else ⟨Anweisung-2⟩

ergibt, wird dadurch aufgelöst, daß diese Konstruktion als äquivalent zu

if ⟨Ausdruck-1⟩ **then**
  begin if ⟨Ausdruck-2⟩ **then** ⟨Anweisung-1⟩
    else ⟨Anweisung-2⟩
  end

aufgefaßt wird.

Beispiele:

if $x < 1.5$ **then** $z := x + y$ **else** $z := 1.5$
if $pl \neq$ **nil then** $pl := pl\uparrow.vater$

9.2.2.2. Auswahl-Anweisungen

Die Auswahl-Anweisung besteht aus einem Ausdruck (dem Selektor) und einer Liste von Anweisungen, von denen jede durch eine Konstante vom Typ des Selektors markiert ist. Die Auswahl-Anweisung legt fest, daß die eine Anweisung auszuführen ist, deren Marke gleich dem vorliegenden Wert des Selektors ist.

⟨Auswahl-Anweisung⟩ ::= **case** ⟨Ausdruck⟩ **of**
⟨Auswahllistenelement⟩ { ; ⟨Auswahllistenelement⟩ } **end**
⟨Auswahllistenelement ::= ⟨Auswahlmarkenliste⟩ : ⟨Anweisung⟩ | ⟨leer⟩
⟨Auswahlmarkenliste⟩ ::= ⟨Auswahlmarke⟩ { , ⟨Auswahlmarke⟩ }

Beispiele:

```
case operator of
     plus: x := x + y;
    minus: x := x - y;
      mal: x := x * y
end
case i of
   1: x := sin(x);
   2: x := cos(x);
   3: x := exp(x);
   4: x := ln(x)
end
```

9.2.3. Zyklusanweisungen

Zyklusanweisungen legen fest, daß gewisse Anweisungen wiederholt ausgeführt werden sollen. Wenn die Anzahl der Wiederholungen vorher bekannt ist, d. h., bevor die Zyklen gestartet werden, ist die Laufanweisung die angemessene Konstruktion, um diese Situation auszudrücken, anderenfalls sollten die Solange-Anweisung oder die Wiederholanweisung benutzt werden.

⟨Zyklusanweisung⟩ ::= ⟨While-Anweisung⟩ | ⟨Wiederholanweisung⟩ |
⟨Laufanweisung⟩

9.2.3.1. While-Anweisungen

⟨While-Anweisung⟩ ::= **while** ⟨Ausdruck⟩ **do** ⟨Anweisung⟩

Der Ausdruck, der die Wiederholung steuert, muß vom Typ Boolean sein. Die Anweisung ist wiederholt auszuführen, und zwar bis der Ausdruck den Wert *false* erhält. Die Anweisung wird nicht ausgeführt, wenn der Anfangswert des Ausdrucks *false* ist. Die while-Anweisung

while *e* **do** *S*

ist äquivalent zu

if *e* **then begin** *S*; **while** *e* **do** *S* **end**

Beispiele:

```
while a [i] ≠ x do i := i + 1

while i > 0 do
   begin if odd(i) then z := z * x;
            i := i div 2;
            x =: sqr(x)
   end

while not eof(f) do
   begin P(f ↑); get(f)
   end
```

9.2.3.2. Wiederholanweisungen

⟨Wiederholanweisung⟩ ::=
        repeat ⟨Anweisung⟩ { ; ⟨Anweisung⟩ } **until** ⟨Ausdruck⟩

Der die Wiederholung steuernde Ausdruck muß vom Typ *Boolean* sein. Die Folge der Anweisungen zwischen den Symbolen **repeat** und **until** wird wiederholt (mindestens jedoch einmal) ausgeführt, und zwar bis der Ausdruck den Wert *true* erhält.
Die Wiederholanweisung

```
   repeat S until B
```

ist äquivalent mit

```
   begin S;
        if not B then repeat S until B
   end
```

Beispiele:

```
repeat k := i mod j;
       i := j;
       j := k
until  j = 0

repeat P(f ↑); get(f)
until  eof(f)
```

9.2.3.3. Laufanweisungen

Die Laufanweisung gibt an, daß eine Anweisung wiederholt auszuführen ist, während einer Variablen (Laufvariable genannt) eine Folge von Werten zugewiesen wird.

⟨Laufanweisung⟩ ::=
    for ⟨Laufvariable⟩ := ⟨Laufliste⟩ **do** ⟨Anweisung⟩
⟨Laufliste⟩ ::= ⟨Anfangswert⟩ **to** ⟨Endwert⟩ |
                ⟨Anfangswert⟩ **downto** ⟨Endwert⟩

⟨Laufvariable⟩ ::= ⟨Bezeichner⟩
⟨Anfangswert⟩ ::= ⟨Ausdruck⟩
⟨Endwert⟩ ::= ⟨Ausdruck⟩

Die Laufvariable, der Anfangswert und der Endwert müssen vom gleichen Skalartyp (oder einem Teilbereich davon) sein und dürfen durch die wiederholt ausgeführte Anweisung nicht verändert werden. Sie dürfen nicht vom Typ *real* sein.

Eine Laufanweisung der Form

for *v* := *e*1 **to** *e*2 **do** *S*

ist äquivalent mit der Anweisungsfolge

v := *e*1; *S*; *v* := *succ*(*v*); *S*; ... ; *v* := *e*2; *S*

und eine Laufanweisung der Form

for *v* := *e*1 **downto** *e*2 **do** *S*

ist äquivalent mit der Anweisungsfolge

v := *e*1; *S*; *v* := *pred*(*v*); *S*; ... ; *v* := *e*2; *S*

Beispiele:

```
for i := 2 to 100 do if a [i] > max then max := a [i]
for i := 1 to n do
for j := 1 to n do
  begin x := 0;
        for k := 1 to n do x := x + a [i, k] * b [k, j];
        c [i, j] := x
  end
for c:= rot to blau do Q(c)
```

9.2.4. Mit-Anweisungen

⟨Mit-Anweisung⟩ ::= **with** ⟨Datensatzvariablenliste⟩ **do** ⟨Anweisung⟩
⟨Datensatzvariablenliste⟩ ::= ⟨Datensatzvariable⟩ {, ⟨Datensatzvariable⟩ }

Innerhalb der Komponentenanweisung der Mit-Anweisung können die Komponenten (Datenfelder) der Datensatzvariablen, die durch die Mitklausel spezifiziert sind, allein durch ihren Datenfeldbezeichner angegeben werden, d. h., ohne die Angabe der vollständigen Datensatzvariablen voranzustellen. Die Mitklausel eröffnet effektiv den Gültigkeitsbereich, der die Datenfeldbezeichner der spezifizierten Datensatzvariablen enthält, so daß die Datenfeldbezeichner als Variablenbezeichner erscheinen können.

Beispiel:

```
with datum to
  if monat = 12 then
    begin monat := 1; jahr := jahr + 1
    end
else monat := monat + 1
```

ist äquivalent mit

```
if datum . monat = 12 then
   begin datum . monat := 1; datum . jahr := datum . jahr + 1
   end
else datum . monat := datum . monat + 1
```

Durch die angegebene Anweisung dürfen zu keinem Element der Datensatzvariablenliste Zuweisungen erfolgen, jedoch sind Zuweisungen zu den Komponenten dieser Variablen möglich.

10. Prozedurvereinbarungen

Prozedurvereinbarungen dienen zum Definieren von Teilen von Programmen und dazu, diesen Programmteilen Bezeichner zuzuordnen, so daß sie durch Prozeduranweisungen aktiviert werden können.

```
⟨Prozedurvereinbarung⟩ ::= ⟨Prozedurkopf⟩ ⟨Block⟩
⟨Block⟩                ::= ⟨Markenvereinbarungsteil⟩
                           ⟨Konstantendefinitionsteil⟩
                           ⟨Typdefinitionsteil⟩
                           ⟨Variablenvereinbarungsteil⟩
                           ⟨Prozedur- und Funktionsvereinbarungsteil⟩
                           ⟨Anweisungsteil⟩
```

Der *Prozedurkopf* legt den Bezeichner fest, der die Prozedur benennt, ferner die Bezeichner der formalen Parameter (wenn vorhanden). Die Parameter sind entweder Wert-, Variablen-, Prozedur- oder Funktionsparameter (vgl. auch Abschn. 9.1.2.)

Prozeduren und Funktionen, die als Parameter für andere Prozeduren und Funktionen verwendet werden, dürfen lediglich Wertparameter haben.

```
⟨Prozedurkopf⟩ ::= procedure ⟨Bezeichner⟩; |
   procedure ⟨Bezeichner⟩ ( ⟨Formalparameterabschnitt⟩
                          { ; ⟨Formalparameterabschnitt⟩ } )
⟨Formalparameterabschnitt⟩ ::= ⟨Parametergruppe⟩ |
                               var ⟨Parametergruppe⟩ |
                               function ⟨Parametergruppe⟩ |
                               procedure ⟨Bezeichner⟩ { , ⟨Bezeichner⟩ }
⟨Parametergruppe⟩ ::= ⟨Bezeichner⟩ { , ⟨Bezeichner⟩ } : ⟨Typbezeichner⟩
```

Eine Parametergruppe, der kein Spezifikator vorangestellt ist, impliziert, daß die Elemente der Parametergruppe Wertparameter sind.

Der *Markenvereinbarungsteil* legt alle Marken fest, die in der Prozedur lokal sind und in Sprunganweisungen innerhalb von Prozeduren auftreten, die ihrerseits lokal zu der Prozedur sind.

⟨Markenvereinbarungsteil⟩ ::= ⟨leer⟩ |
label ⟨Marke⟩ { , ⟨Marke⟩ } ;

Der *Konstantendefinitionsteil* enthält die Definitionen aller Synonyme für Konstanten, die in der Prozedur lokal sind.

⟨Konstantendefinitionsteil⟩ ::= ⟨leer⟩ |
const ⟨Konstantendefinition⟩
{ ; ⟨Konstantendefinition⟩ } ;

Der *Typdefinitionsteil* enthält alle Typdefinitionen, die lokal bezüglich der Prozedurvereinbarung sind.

⟨Typdefinitionsteil⟩ ::= ⟨leer⟩ |
type ⟨Typdefinition⟩ { ; ⟨Typdefinition⟩ } ;

Der *Variablenvereinbarungsteil* enthält alle Variablenvereinbarungen, die lokal zur Prozedurvereinbarung sind.

⟨Variablenvereinbarungsteil⟩ ::= ⟨leer⟩ |
var ⟨Variablenvereinbarung⟩
{ ; ⟨Variablenvereinbarung⟩ } ;

Der *Prozedur- und Funktionsvereinbarungsteil* enthält alle Prozeduren und Funktionen, die lokal bezüglich der Prozedurvereinbarung sind.

⟨Prozedur- und Funktionsvereinbarungsteil⟩ ::=
{ ⟨Prozedur- oder Funktionsvereinbarung⟩ ;}
⟨Prozedur- oder Funktionsvereinbarung⟩ ::=
⟨Prozedurvereinbarung⟩ |
⟨Funktionsvereinbarung⟩

Der Anweisungsteil legt die algorithmischen Aktionen fest, die bei einem Aktivieren der Prozedur durch eine Prozeduranweisung auszuführen sind.

⟨Anweisungsteil⟩ ::= ⟨Verbundanweisung⟩

Alle Bezeichner, die im Formalparameterteil eingeführt sind, der Konstantendefinitionsteil, der Typdefinitionsteil, die Variablen-, Prozedur- oder Funktionsvereinbarungsteile sind *lokal* zu der Prozedurvereinbarung, die Prozedurvereinbarung wird *Gültigkeitsbereich* dieser Bezeichner genannt. Außerhalb ihres Gültigkeitsbereichs sind die Bezeichner nicht erklärt. Im Falle von lokalen Variablen gilt, daß ihre Werte zu Beginn des Anweisungsteils nicht definiert sind.

Der Gebrauch des Prozedurbezeichners in einer Prozeduranweisung innerhalb der eigenen Vereinbarung impliziert die rekursive Ausführung der Prozedur.

Beispiele für Prozedurvereinbarungen:

```
procedure lies ganze Zahl (var f: text; var x: integer);
  var i, j: integer;
  begin
        while f↑ = ' ' do get (f); i := 0;
        while f in ['0' .. '9'] do
        begin j := ord(f↑) − ord ('0');
              i := 10 * i + j;
               get(f)
  end;
  x := 1
  end
procedure Bisect (function f: real; a, b: real; var z: real);
  var m : real;
  begin {vorausgesetzt sei f(a) < 0 und f(b) > 0}
        while abs(a − b) > 1E − 10 * abs(a) do
        begin m := (a + b)/2.0;
              if f(m) < 0 then a: =m else b: =m
        end;
        z := m
  end
procedure ggT (m, n: integer; var x, y, z: integer);
  var a1, a2, b1, b2, c, d, q, r: integer; {m ≧ 0, n > 0}
  begin {groesster gemeinsamer Teiler x von m und n,
        erweiterter Euklidischer Algorithmus}
        a1 := 0; a2 := 1; b1 := 1; b2 := 0;
        c := m; d := n;
        while d ≠ 0 do
        begin {a1 * m + b1 * n = d, a2 * m + b2 * n = c,
              ggT(c, d) = ggT(m, n)}
              q := c div d; r := c mod d;
              a2 := a2 − q * a1; b2 := b2 − q * b1;
              c := d; d := r;
              r := a1; a1 := a2; a2 := r;
              r := b1; b1 := b2; b2 := r
        end;
        x := c; y := a2; z := b2
        {x := ggT(m, n) = y * m + z * n}
  end
```

10.1. Standardprozeduren

Die Standardprozeduren werden in jeder Implementation von PASCAL als a priori definiert vorausgesetzt. Jeder Implementation können weitere a priori definierte Prozeduren hinzugefügt werden. Weil sie wie alle Standardgrößen in einem Gültigkeitsbereich als vereinbart vorausgesetzt werden, der das Programm umfaßt, können keine Widersprüche aus einer Vereinbarung auftreten, wenn derselbe Bezeichner innerhalb des Programms noch einmal definiert wird. Die Standardprozeduren werden im weiteren aufgeführt und erklärt.

10.1.1. Prozeduren für Fileverarbeitung

put(f) überträgt den Wert der Puffervariablen $f\uparrow$ in das File *f*. Die Wirkung ist nur definiert, wenn vor der Ausführung das Prädikat *eof(f)* den Wert true hat. *eof(f)* behält den Wert *true* und $f\uparrow$ wird undefiniert.

get(f) stellt die vorliegende Fileposition (Lese/Schreib-Kopf) auf die nächste Komponente und weist den Wert dieser Komponente der Puffervariablen $f\uparrow$ zu. Existiert keine nächste Komponente, so liefert *eof(f)* den Wert *true* und der Wert von $f\uparrow$ ist nicht definiert. Die Wirkung von *get(f)* ist nur definiert, wenn vor der Ausführung *eof(f)* = *false* gilt (vgl. Abschn. 11.1.2).

reset(f) setzt die vorliegende Fileposition auf den Anfang zurück und weist der Puffervariablen $f\uparrow$ den Wert des ersten Elements von *f* zu. *eof(f)* liefert den Wert *false*, wenn *f* nicht leer ist; im anderen Falle ist $f\uparrow$ nicht definiert und *eof(f)* erhält den Wert true.

rewrite(f) überschreibt den vorliegenden Wert von *f* (*f* geht verloren), ein neues File kann erzeugt werden. *eof(f)* liefert den Wert true.

Hinsichtlich der Textfileprozeduren *read*, *write*, *readln*, *writeln* und *page* vergleiche Abschnitt 12.

10.1.2. Dynamische Speicherplatzzuweisungsprozedur

new(p) erzeugt eine neue Variable *v* und weist den Zeiger auf diese Variable *v* der Zeigervariablen *p* zu. Ist *v* vom Datensatztyp mit Varianten, so kann die Form

new(p, t1, ... , tn) benutzt werden, um eine Variable der Variante mit dem Wert *t1, ... , tn* des Kennzeichenfeldes einzurichten.

dispose(p) und *dispose(p, t1, ... , tn)* können benutzt werden um anzuzeigen, daß der Speicherplatz, auf den der Zeiger *p* verweist, nicht länger gebraucht wird. (In Implementationen kann man diese Information nutzen, um Speicherbereiche zurückzugewinnen, oder man kann sie ignorieren.)

10.1.3. Datentransferprozeduren

Sei *a* eine Feldvariable des Typs

array [*m* .. *n*] **of** *T* ,

sei ferner *z* eine Variable des Typs

packed array [*u* .. *v*] **of** *T* ,

wobei $n - m \geqq v - u$ ist. Dann ist die Wirkung von

pack(a, i, z) durch
for $j := u$ **to** v **do** $z\,[j] := a\,[j - u + i]$

und die Wirkung von

unpack(Z), a, i durch
for $j := ou$ **to** v **do** $a\,[j - u + i] := z\,[j]$

beschrieben, wobei j eine Hilfsvariable bedeutet, die im Programm nicht auftritt.

11. Funktionsvereinbarungen

Funktionsvereinbarungen dienen zum Definieren von Teilen des Programms, in denen ein Skalarwert oder ein Zeigerwert berechnet wird. Funktionen werden durch die Auswertung eines Funktionsaufrufs aktiviert (vgl. Abschn. 8.2), die ihrerseits Bestandteil eines Ausdrucks ist.

⟨Funktionsvereinbarung⟩ ::= ⟨Funktionskopf⟩ ⟨Block⟩

Im Funktionskopf wird der Bezeichner festgelegt, der zur Benennung der Funktion dient, ferner die formalen Parameter der Funktion und der Typ der Funktion.

⟨Funktionskopf⟩ ::= **function** ⟨ Bezeichner⟩ : ⟨Ergebnistyp⟩ ; |
  function ⟨Bezeichner⟩ (⟨Formalparameterabschnitt⟩
    { ; ⟨Formalparameterabschnitt⟩ }) : ⟨Ergebnistyp⟩ ;
⟨Ergebnistyp⟩ ::= ⟨Typbezeichner⟩

Der Typ der Funktion muß ein Skalartyp, ein Teilbereichtyp oder ein Zeigertyp sein. Innerhalb der Funktionsvereinbarung muß es wenigstens eine Ergibtanweisung geben, durch die dem Funktionsbezeichner ein Wert zugewiesen wird. Durch diese Wertzuweisung wird das Ergebnis der Funktion festgelegt.

Das Auftreten eines Funktionsbezeichners in einem Funktionsaufruf innerhalb der Vereinbarung dieser Funktion impliziert rekursive Ausführung der Funktion.

Beispiele:

```
function Sqrt (x: real): real;
  var x0, x1: real;
  begin x1 := x; {x > 1, Newtonsche Methode}
        repeat x0 := x1; x1 := (x0 + x/x0) * 0.5
        until abs(x1 - x0) < eps * x1;
        Sqrt := x0
  end
```

```
function Max (a: Vektor; n: integer): real;
  var x: real; i: integer;
  begin x := a [1];
        for i := 2 to n do
        begin {x = max(a₁ ··· aᵢ₋₁)}
              if x < a [i] then x := a [i]
        end;
        {x = Max(a₁ ··· aₙ)}
        Max := x
  end

function ggT(m, n: integer): integer;
  begin if n = 0 then ggT := m else ggT := ggT(n, m mod n)
  end

function Potenz (x: real; y: integer): real; {y ≧ 0}
  var x, z: real; i: integer;
  begin w := x; z := 1; i := y;
        while i ≠ 0 do
        begin {z * w^i = x^y}
              if odd(i) then z := z * w;
              i := i div 2;
              w := sqr(w)
        end;
        {z = x^y}
        Potenz := z
  end
```

11.1. Standardfunktionen

Standardfunktionen werden in jeder Implementation von PASCAL als a priori definiert aufgefaßt. Jeder Implementation können weitere als a priori definiert geltende Funktionen hinzugefügt werden (vgl. auch Abschn. 10.1).

Die Standardfunktionen sind im weiteren aufgeführt und erklärt.

11.1.1. Arithmetische Funktionen

abs(x) berechnet den absoluten Wert von x. Der Typ von x muß entweder *real* oder *integer* sein, der Typ des Ergebnisses ist gleich dem Typ von x.

sqr(x) berechnet x^2. Der Typ von x muß entweder *real* oder *integer* sein, der Typ des Ergebnisses ist gleich dem Typ von x.

sin(x)
cos(x)
exp(x)
ln(x)
sqrt(x)
arctan(x)
} Der Typ von x muß entweder *real* oder *integer* sein, der Typ des Ergebnisses ist *real*.

11.1.2. Prädikate

odd(x)	x muß vom Typ *integer* sein, das Ergebnis ist x *mod* $2 \neq 0$.
eof(f)	zeigt an, ob das File f im end-of-file-Zustand ist.
eoln(f)	zeigt das Zeilenende in einem Textfile an (vgl. Abschnitt 12.).

11.1.3. Transferfunktionen

trunc(x)	Ganzzahliger Anteil des reellen Wertes x.
round(x)	Rundung des reellen Arguments x auf die nächste ganze Zahl.
ord(x)	x muß vom Skalartyp sein, einschließlich *Boolean* oder *char*, das Ergebnis (Typ *integer*) ist die Ordinalzahl des Zeichens x in der durch den Typ von x definierten Wertemenge.
chr(x)	x muß vom Typ *integer* sein, das Ergebnis (Typ *char*) ist das Zeichen, dessen Ordinalzahl x ist (wenn ein solches Zeichen existiert)

11.1.4. Weitere Standardfunktionen

succ(x)	Der Typ von x ist entweder ein Skalartyp oder der Typ eines Teilbereichs, das Ergebnis ist der Wert des Nachfolgers von x (wenn er existiert).
pred(x)	Der Typ von x ist entweder ein Skalartyp oder der Typ eines Teilbereichs, das Ergebnis ist der Wert des Vorgängers von x (wenn er existiert).

12. Eingabe und Ausgabe

Grundlage von Eingabe- und Ausgabeoperationen sind Textfiles (vgl. Abschn. 6.2.4.), die Programmparameter (vgl. Abschn. 13.) für ein PASCAL-Programm sind und die innerhalb der Maschinenausrüstung gewisse Eingabe- oder Ausgabegeräte darstellen, wie z. B. ein Terminal, einen Kartenleser oder einen Zeilendrucker. Um die Arbeit mit Textfiles zu erleichtern, wurden zusätzlich zu den Standardprozeduren *get* und *put* vier Standardprozeduren aufgenommen, nämlich *read, write, readln* und *writeln*. Die letzten zwei können nur auf Textfiles angewandt werden; diese Files müssen jedoch nicht notwendige Eingabe-/Ausgabegeräte darstellen, es können ebenso lokale Files sein. Die neuen Prozeduren werden mit einer hinsichtlich ihrerer Parameterlisten nicht standardisierten Syntax benutzt, die neben anderem eine variable Anzahl von Parametern erlaubt. Außerdem müssen die Parameter nicht notwendig vom Typ *char* sein, sondern können auch durch gewisse andere Typen dargestellt sein. In diesen Fällen ist der Datentransport implizit an eine Datenkonvertierungsoperation gebunden. Ist der erste Parameter eine Filevariable, so ist das die Bezeichnung der betreffenden Files. Fehlt dieser Parameter, so werden im Falle von Leseoperationen oder Schreiboperationen automatisch die Standardfiles *input* bzw. *output* eingesetzt. Diese beiden Files gelten als vordeklariert mittels

var *input, output* :*text*

Textfiles stellen insoweit einen Spezialfall innerhalb der Filetypen dar, als sie durch sogenannte Zeilenendezeichen in Unterstrukturen eingeteilt sind (vgl. Abschn. 6.2.4.). Wenn beim Lesen von einem Textfile die Fileposition das Zeilenendezeichen erreicht, das ist nach dem letzten Zeichen der Zeile der Fall, dann wird der Puffervariablen $f\uparrow$ ein Leerzeichen zugewiesen und die Standardfunktion *eoln(f)* (end of line) bekommt den Wert *true*. Wird die Fileposition ein weiteres Mal erhöht, so wird das erste Zeichen der nächsten Zeile $f\uparrow$ zugewiesen und *eoln(f)* erhält den Wert *false* (es sei denn, die nächste Zeile besteht aus 0 Zeichen). Zeilenendezeichen, die nicht Elemente des Typs *char* sind, können nur durch die Prozedur *writeln* erzeugt werden.

12.1. Prozedur *read*

Für die Prozedur *read* gelten folgende Regeln, in denen *f* vom Typ **file of** *T* und *v*1···*vn* Variablen vom Typ *T* sind. Ist *f* vom Typ *text*, dann können die Variablen vom Typ *char*, *integer* (oder Teilbereichen von *integer*) oder *real* sein:

1. *read* (*v*1, ... , *vn*) ist gleichwertig mit *read* (*input*, *v*1, ... , *vn*)
2. *read* (*f*, *v*1, ... , *vn*) ist gleichwertig mit *read* (*f*, *v*1); ... ; *read* (*f*, *vn*);
3. *read* (*f*, *v*) ist gleichwertig mit
   $v := f\uparrow$; *get(f)*

12.2. Prozedur *readln*

1. *readln*(*v*1, ... , *vn*) ist gleichwertig mit *readln*(*f*, *v*1, ... , *vn*)
2. *readln*(*f*, *v*1, ... , *vn*) ist gleichwertig mit *read*(*f*, *v*1, ... , *vn*); *readln*(*f*)
3. *readln*(*f*) ist gleichwertig mit **while not** *eoln*(*f*) **do** *get*(*f*);
   readln wird zum Lesen und Übergehen bis zum nächsten Zeilenanfang benutzt.

12.3. Prozedur *write*

Für die Prozedur *write* gelten folgende Regeln, in denen *f* ein File, *p*1 ··· *pn* Ausgabeparameter, *e* einen Ausdruck, *m* und *n* Ausdrücke des Typ *integer* bedeuten:

1. *write*(*p*1, ... , *pn*) ist gleichwertig mit *write*(*output*, *p*1, ... , *pn*)
2. *write*(*f*, *p*1, ... , *pn*) ist gleichwertig mit *write* (*f*, *p*1); ... ; *write*(*f*, *pn*);
3. *write* (*f*, *e*) ist gleichwertig mit $f\uparrow := e$; *put*(*f*). Ist *f* ein Textfile, so können die Ausgabeparameter folgende Formen annehmen:

   $e{:}m \quad e{:}m{:}n \quad e$

   e stellt den Wert dar, der in das File *f* übertragen werden soll ("geschrieben" werden soll), *m* und *n* sind sogenannte Datenfeldlängenparameter. Fordert der Wert *e*, der entweder eine Zahl, ein Zeichen, ein logischer Wert oder eine Zeichenkette ist, weniger als *m* Zeichen zur Repräsentation, dann wird mit Leerzeichen aufgefüllt, so daß genau *m* Zeichen geschrieben werden. Fehlt *m*, so wird ein implementationsabhängiger Wert vorausgesetzt. Die Form mit dem Längenparameter *n* ist nur anwendbar, wenn *e* vom Typ *real* ist (vgl. Regel 6).

4. Ist *e* vom Typ *char*, so ist
   write(f, e:m) gleichwertig mit

   f ↑ := ' '; *put(f)* (*m* − 1)mal wiederholt
   f ↑ := *e*; *put(f)*

   Bemerkung: der für *m* fehlende Wert wird in diesem Falle als 1 angenommen.
5. Ist *e* vom Typ *integer* (oder einem Teilbereich des Typs *integer*), so wird die Dezimaldarstellung von *e* auf das File *f* geschrieben, wobei links bis zur Länge *m* mit Leerzeichen aufgefüllt wird.
6. Ist *e* vom Typ *real*, so wird eine Dezimaldarstellung von *e* auf das File *f* geschrieben, wobei links bis zur Länge *m* mit Leerzeichen aufgefüllt wird. Fehlt der Parameter *n* (vgl. Regel 3), so wird dafür eine Gleitkommadarstellung verwendet, die aus einem Koeffizienten und einem Skalierungsfaktor besteht. Anderenfalls ergibt sich eine Festkommadarstellung mit *n* Stellen hinter dem Dezimalpunkt.
7. Ist *e* vom Typ *Boolean*, so werden die Wörter TRUE oder FALSE auf das File *f* geschrieben, wobei links bis zur Länge *m* mit Leerzeichen aufgefüllt wird.
8. Ist *e* ein (gepacktes) Zeichenfeld, so wird diese Zeichenkette auf das File ausgegeben.

12.4. Prozedur *writeln*

1. *writeln(p1, ... , pn)* ist gleichwertig mit *writeln(output, p1, ... , pn)* ,
2. *writeln(f, p1, ... , pn)* ist gleichwertig mit *write(p1, ... , pn)*; *writeln(f)*
3. *writeln(f)* fügt ein Zeilenendekennzeichen (vgl. Abschn. 6.2.4.) in das File *f* ein.

12.5. Zusätzliche Prozedur

page(f) bewirkt den Übergang zum Anfang einer neuen Seite, wenn das Textfile *f* gedruckt wird.

13. Programme

Ein PASCAL-Programm hat mit Ausnahme des Kopfes die Form einer Prozedurvereinbarung.

⟨Programm⟩ ::= ⟨Programmkopf⟩ ⟨Block⟩.
⟨Programmkopf⟩ ::= **program** ⟨Bezeichner⟩ (⟨Programmparameter⟩) ;
⟨Programmparameter⟩ ::= ⟨Bezeichner⟩ {, ⟨Bezeichner⟩}

Der dem Symbol **program** folgende Bezeichner ist der Programmname; er ist innerhalb des Programms bedeutungslos. Die Programmparameter beschreiben Größen, die außerhalb des Programms existieren und durch die das Programm mit seiner Umgebung verbunden ist. Die Größen (üblicherweise Files) werden externe Größen genannt, sie müssen in dem Block, der das Programm darstellt, wie gewöhnliche lokale Variablen erklärt sein.

Die beiden Standardfilenamen input und output brauchen nicht erklärt zu werden (vgl. Abschn. 12.), sie sind aber im Programmkopf aufzuführen, wenn sie benutzt werden. Die Initialisierungsanweisungen *reset(input)* und *rewrite(output)* werden automatisch erzeugt, müssen also nicht programmiert werden.

Beispiele:

```
program copy(f, g);
  var f, g: file of real;
  begin reset(f); rewrite(g);
        while not eof(f) do
        begin g ↑ := f ↑; put(g); get(f)
        end

  end
program copytext (input, output);
  var ch: char;
  begin
        while not eof (input) do
        begin
              while not eoln (input) do
              begin read (ch); write (ch)
              end;
              readln; writeln;
        end
  end
```

14. Ein Standard für Implementation und Programmaustausch

Ein prinzipieller Grund für die Entwicklung von PASCAL war die Notwendigkeit einer vielseitigen und flexiblen Sprache, die auf den meisten Rechenanlagen angemessen effektiv implementiert werden kann. Die Gesichtspunkte dabei waren, die Sprache ohne Beziehung zu einer speziellen Maschine zu definieren und so die Möglichkeit des Programmaustauschs zu haben. Die im weiteren vorgeschlagenen Beschränkungen sind als ein Leitfaden für das Implementieren und für Programmierer zu sehen, die annehmen, daß ihre Programme auf verschiedenen Anlagentypen benutzt werden. Zweck dieser Standards ist es, die Wahrscheinlichkeit dafür zu vergrößern, daß verschiedene Implementationen kompatibel sind und daß Programme von einer Rechenanlage auf eine andere übertragbar sind.

1. Bezeichner, die unterschiedliche Objekte beschreiben, müssen sich in ihren ersten 8 Zeichen unterscheiden.
2. Marken bestehen höchstens aus 4 Ziffern.

3. In jeder Implementation werde eine Grenze für die Kardinalität von skalaren Typen festgesetzt, über denen eine Menge definiert werden kann. (Daraus folgt, daß eine Bitmusterdarstellung zweckmäßigerweise für Mengen benutzt werden sollte.)
4. Das erste Zeichen jeder Zeile von Druckfiles sollte als Druckersteuerzeichen mit folgenden Bedeutungen benutzt werden:

Leerzeichen:	einfacher Vorschub
'0':	doppelter Vorschub
'1'	Übergang zum Anfang der nächsten Seite.

PASCAL-Darstellungen mit Computer-Zeichensätzen sollten folgenden Regeln genügen:

5. Wortsymbole — wie **begin**, **end** usw. — werden als Zeichenfolgen geschrieben (ohne einschließende Klammersymbole). Sie können nicht als Bezeichner verwendet werden.
6. Leerzeichen, Zeilenende und Kommentare werden als Trennzeichen betrachtet. Zwischen zwei aufeinanderfolgenden PASCAL-Symbolen kann eine beliebige Anzahl von Trennzeichen auftreten, wobei folgende Beschränkungen beachtet werden: Trennzeichen dürfen nicht innerhalb von Bezeichnern, Zahlen und Wortsymbolen benutzt werden.
7. Zwischen jedem Paar aufeinanderfolgender Bezeichner, Zahlen oder Wortsymbole muß mindestens ein Trennzeichen stehen.
8. Zur Darstellung mit dem ISO-Zeichensatz (International Standards Organization) gilt folgende Übersetzungstabelle:

≦	<=
≧	>=
≠	< >
{	(*
}	*)

15. Index

15.1. Englisch—Deutsch

15.2. Deutsch—Englisch

Anhang — Syntaxdiagramme

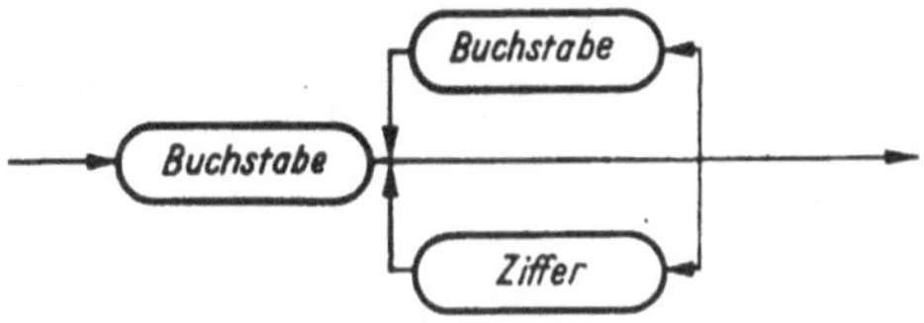

Abb. 1. Bezeichner

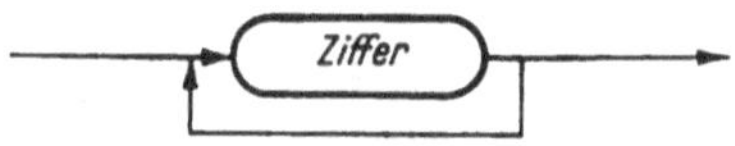

Abb. 2. Natürliche Zahlen

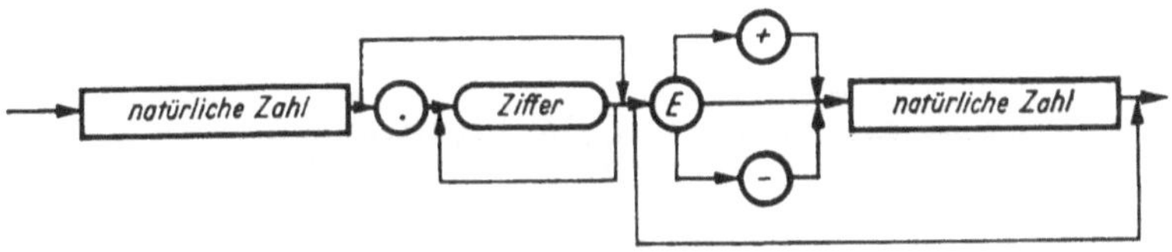

Abb. 3. Vorzeichenlose Zahl

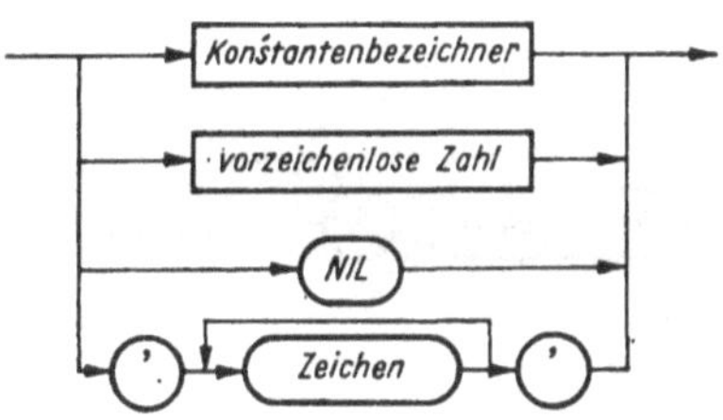

Abb. 4. Vorzeichenlose Konstante

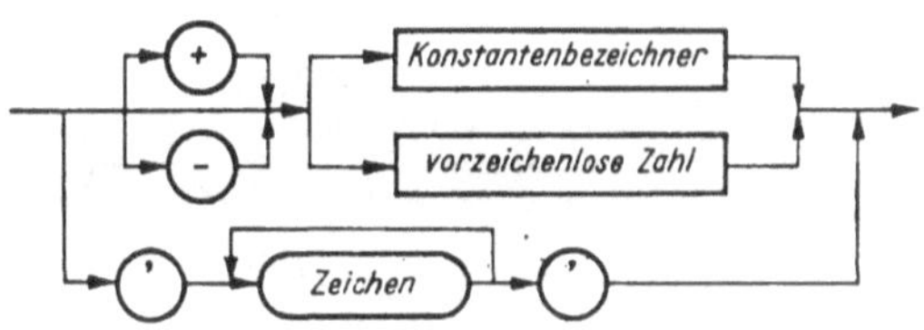

Abb. 5. Konstante

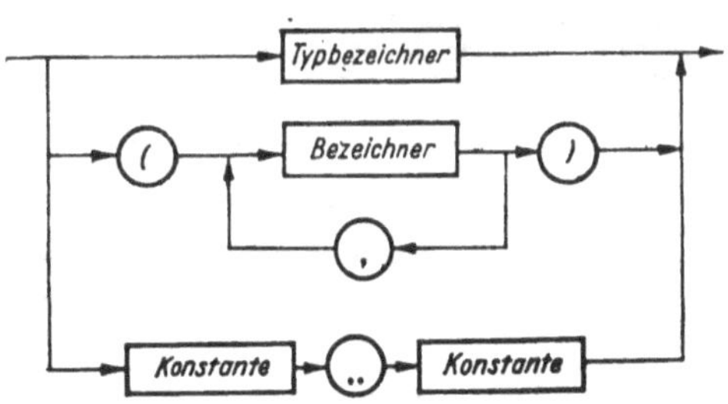

Abb. 6. Einfacher Typ

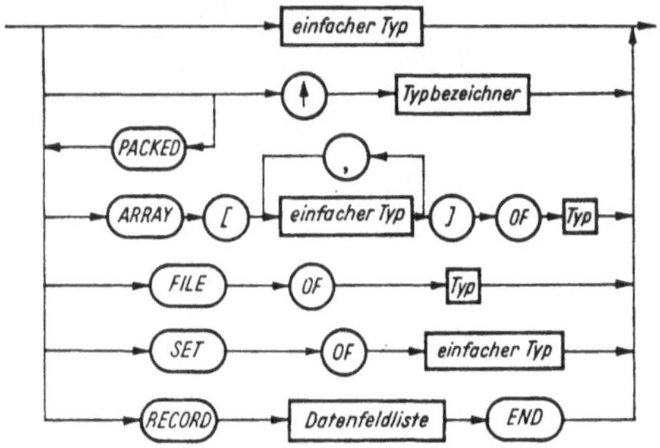

Abb. 7. Typ

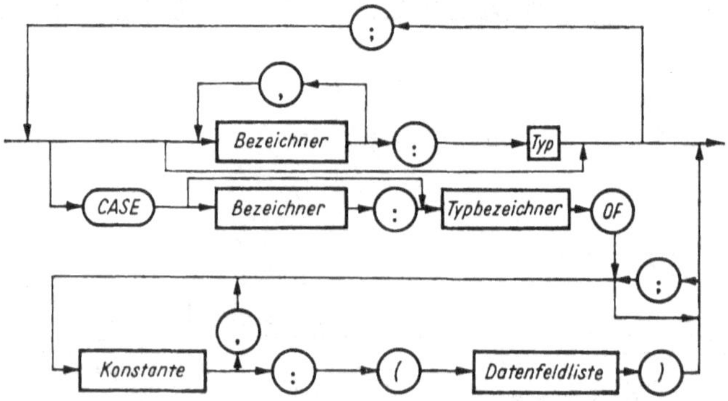

Abb. 8. Datenfeldliste

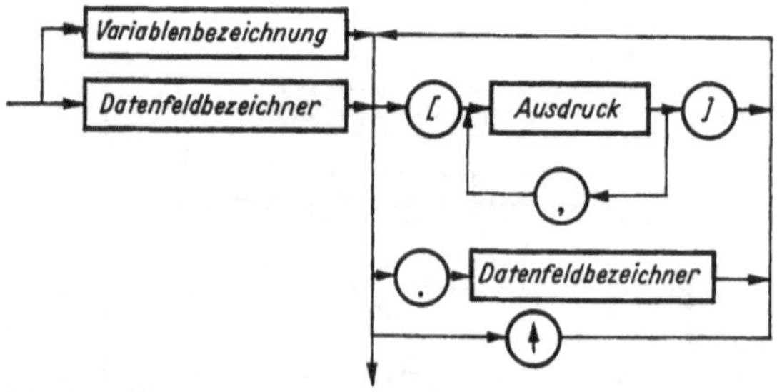

Abb. 9. Variabel

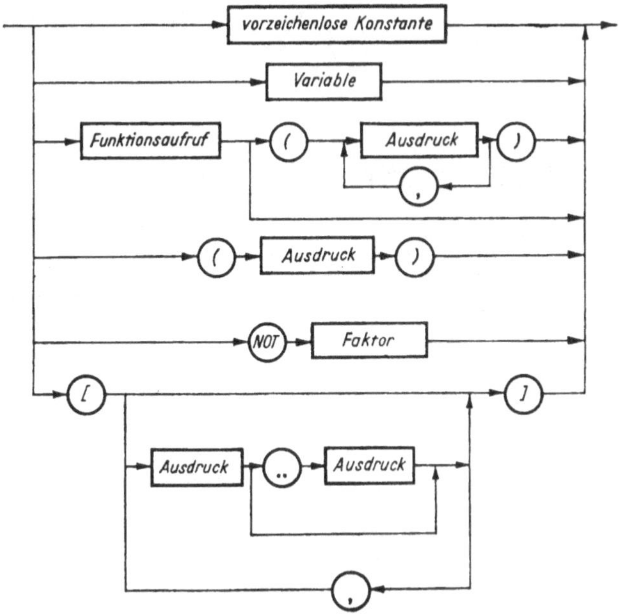

Abb. 10. Faktor

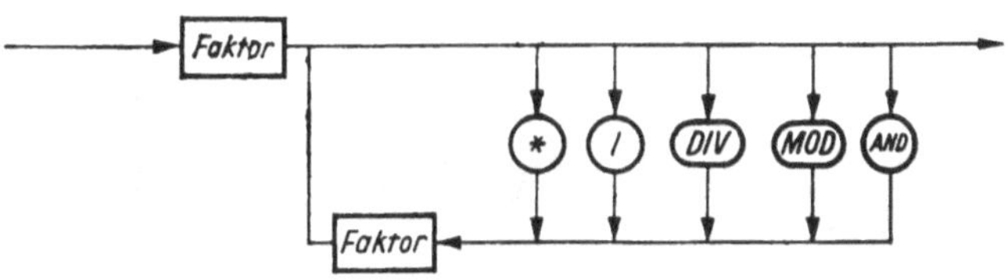

Abb. 11. Term

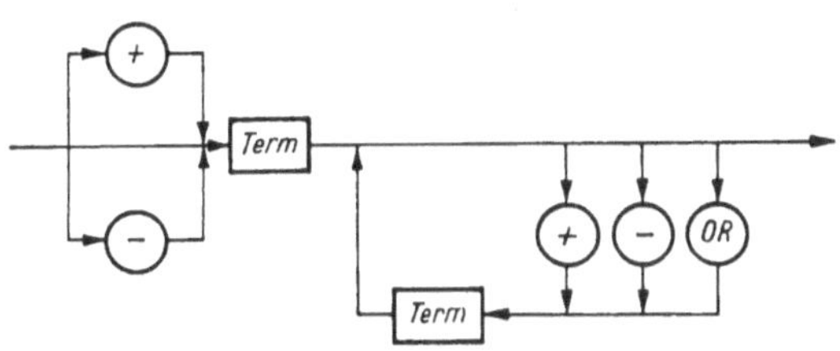

Abb. 12. Einfacher Ausdruck

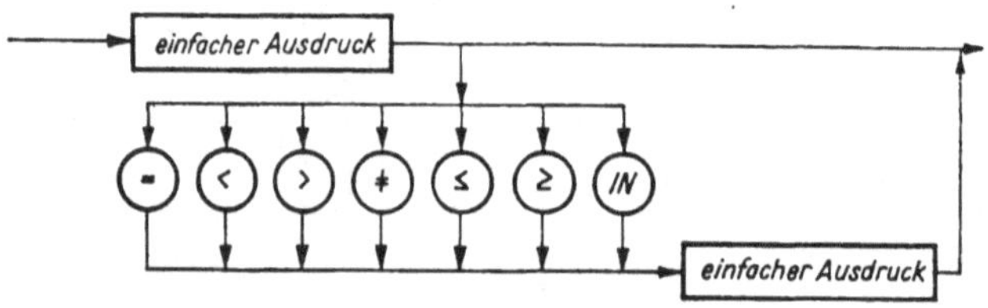

Abb. 13. Ausdruck

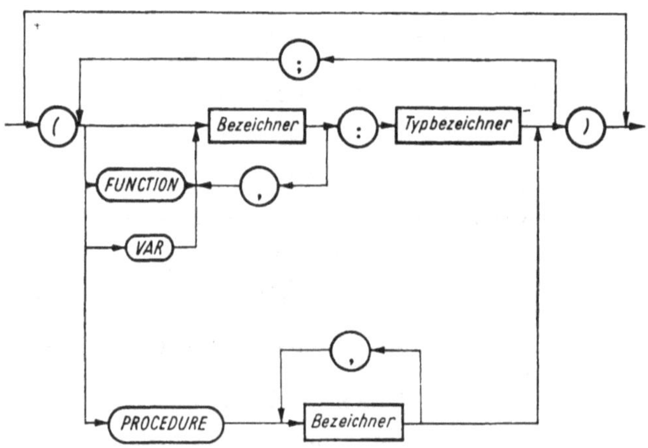

Abb. 14. Parameterliste

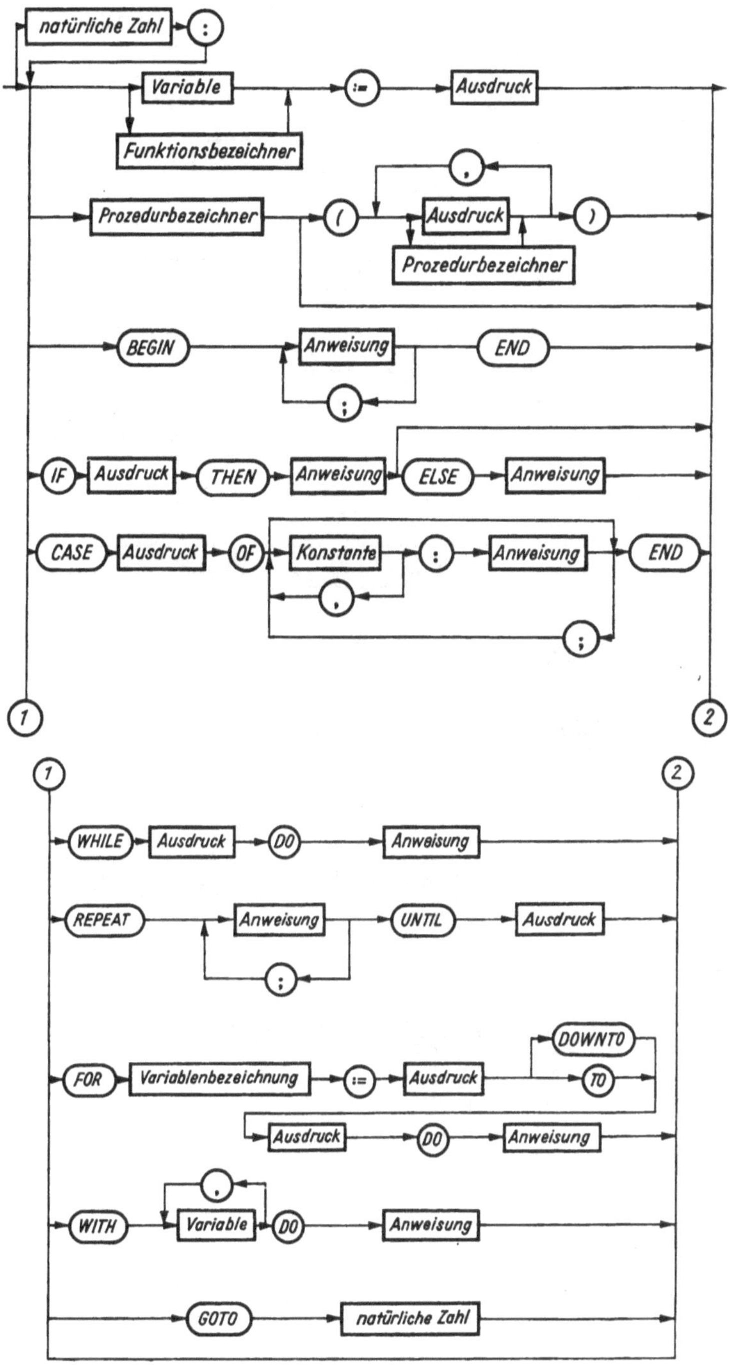

Abb. 15. Anweisung

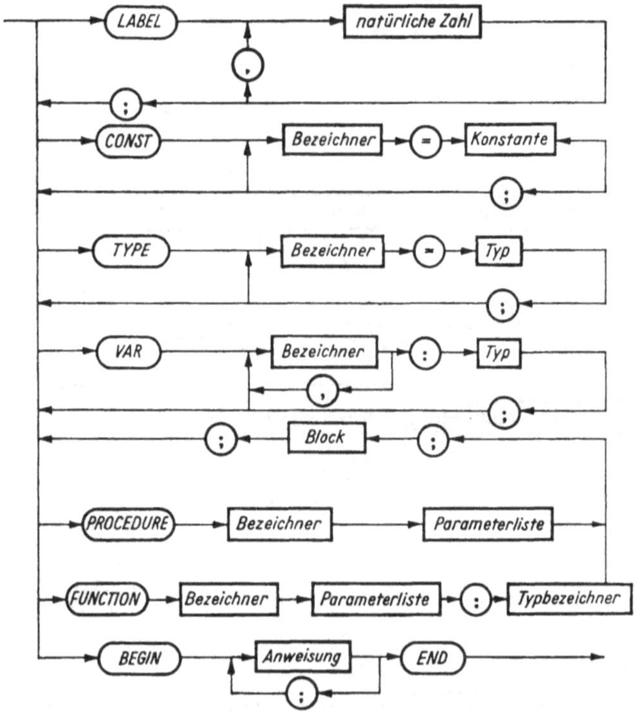

Abb. 16. Block

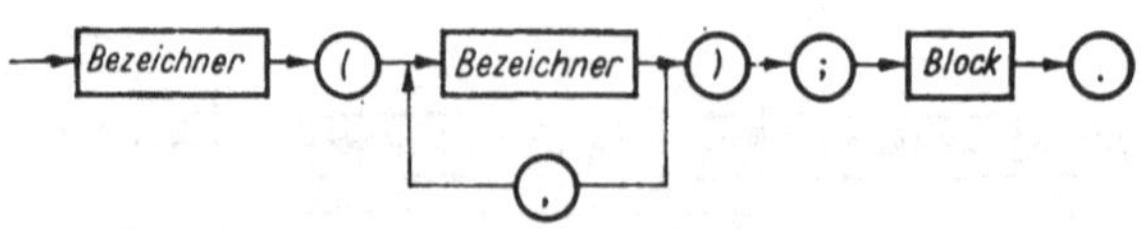

Abb. 17. Programm

FSC
www.fsc.org
MIX
Papier | Fördert gute Waldnutzung
FSC® C083411

Zeitfracht Medien GmbH
Ferdinand-Jühlke-Straße 7
99095 Erfurt, Deutschland
produktsicherheit@kolibri360.de